沒有辜負自己的一生 沒有白活一世

人生中最該知道的49件事

成長階梯：72

沒有辜負自己的一生，沒有白活一世：人生中最該知道的49件事

編　著　徐玄羽
出 版 者　大拓文化事業有限公司
執行編輯　林秀如
美術編輯　姚恩涵

總 經 銷　永續圖書有限公司
劃撥帳號　18669219
地　　址　22103　新北市汐止區大同路三段一九十四號九樓之一
TEL　(〇二)八六四七—三六六三
FAX　(〇二)八六四七—三六六〇
E-mail　yungjiuh@ms45.hinet.net
網　址　www.foreverbooks.com.tw

CVS代理　美璟文化有限公司
TEL　(〇二)二七二三—九九六八
FAX　(〇二)二七二三—九六六八

法律顧問　方圓法律事務所　涂成樞律師

出 版 日◇二〇一七年八月

國家圖書館出版品預行編目資料

沒有辜負自己的一生，沒有白活一世：
人生中最該知道的49件事 / 徐玄羽編著. -- 初版.
-- 新北市 : 大拓文化, 民106.08
面 ;　公分. -- (成長階梯 ; 72)
ISBN 978-986-411-056-8(平裝)
1.成功法　2.生活指導
177.2　　106010426

前言

每個人都有自己的天性以及適合自己的生活方式，也都有自己存在的價值。所以，不要妄自菲薄，別人否定你並不可怕，但你絕不能否定自己，因為世界上只有一個你。

很多人總是羨慕別人出人頭地，做人中龍鳳的風光，抱怨命運太不公平，感嘆自己的人生道路太多坎坷。其實每個人都可以主宰命運，過自己想要的生活；只不過生活中，有很多事情你都沒弄清楚，而這些事情，是你早就該知道的。

只有理順了思路，人生路上才能走得順暢。

目錄
CONTENTS

Part 1 享受屬於小人物的快樂

何妨在內心深處向自己大膽地承認：我本來就是個小人物，我要享受屬於小人物的所有快樂。

Part 2 升官發財並不是生活的全部

其實名利不過是身外之物，生不帶來、死不帶去；也不是衡量生命質量的標準。對我們來說，享受生活才是最重要的。

目錄
CONTENTS

Part 3

人生沒有後悔藥

人們之所以會後悔，就是因為想的太少，面對問題時不夠沈著冷靜。要知道，行動比思維快的結果，往往導致一團混亂。人生沒有草稿，不能重新再來，這世界上沒有治後悔的藥，錯過的將永遠失去。

Part 4 天上會掉下來的從來不是禮物

如果哪一天，天上真掉下個禮物，那裡面或許還包著毒藥。所以無論你希望自己的人生是成功、還是幸福的，都要靠自己努力去爭取。

目錄
CONTENTS

Part 5 不應該小看任何人

每個人都有他的獨特之處、聰明之處。小看別人，說不定什麼時候你就會吃大虧。如果你能夠做到待人謙和、敬人如師，那你的人生路上就會少幾分阻力，多幾分順暢。

Part 1 享受屬於小人物的快樂

現實中總有那麼多的不如意，夢想中輝煌的人生遙遙無期，成功者頭上的光環讓你感覺到刺眼和妒嫉。

奮鬥數年，卻發現自己依然是一個無足輕重的小人物。那麼，何妨在內心深處向自己大膽地承認：我本來就是個小人物，我要享受屬於小人物的所有快樂。

01 另起一行

動物世界舉行長跑比賽，梅花鹿、兔子、羚羊等運動健將都興高采烈地報名參加，而最讓牠們驚訝的，是慢吞吞的蝸牛居然也報了名。

發令槍響後，大家都拼命地往前衝。沒有意外的，梅花鹿得了第一名，而蝸牛則是倒數第一名；不僅如此，蝸牛是在第三天的中午才到達終點的。

好友烏龜特地來安慰牠，沒想到蝸牛卻泰然自若地說：「沒錯，我是倒數第一，可是如果下次舉辦慢跑比賽，那我一定會成為不折不扣的第一名！」

現實生活中，也許你是一個始終與「第一名」無緣的人，眼看著別人表現出色，自己卻永遠居於人後，心裡會不會覺得有些不平衡呢？其實你大可不必為此煩惱，一個人的成功與否有很多不同的判斷標準，只要你願意換個角度，你也可以位列第一。

冠宇是一個活力四射、才華橫溢的年輕人，經常是社團中令人注目的焦點，每一個認識冠宇的人，幾乎都可以感受到他熱情的付出。

在得知他交了女朋友後，他的一個好朋友開玩笑的問他：「那現在我在你心中排第幾呀？」

冠宇想也不想，便回答：「第一。」

朋友不相信地看著他說道：「怎麼可能，你女朋友應該排在第一位啊！」

冠宇笑著說：「你當然排第一啊，只不過是另起一行而已。」

這話說得多麼好啊！生活中，在各行各業中，每個人都期望得到第一的位置，其實要拿到第一也容易，就看你願不願意換個角度——只要「另起一行」，每個人就都是第一了；而這個世界，自然少了許多莫名的地位紛爭，這不是很好嗎？

維凱生性好強、不甘平庸，他的理想是成為一個走遍世界各地的新聞記者。但造化弄人，最後他卻成為了一名老師。

看著昔日的同窗今日都已登上高位，維凱心裡不平極了。

他的妻子見他這樣子，勸他說：「人比人，氣死人！你又何必偏拿自己的短處去比人家的長處呢？你難道就不能找出你自己的優點嗎？」

妻子的話點醒了維凱，他決定憑著自己豐富的想像力、流暢的文筆，在文壇闖出一片天地。

古今中外，還有很多名人經過重新給自己定位而取得令人矚目的成就：

艾西莫夫是一個科普作家，同時也是一個自然科學家。一天上午，他坐在打字機前打字的時候，突然意識到：「我不能成為一個第一流的科學家，卻能夠成為一個第一流的科普作家。」

於是，他開始把精力放在科普創作上，他終於成了最著名的科普作家。他的著作至今影響世人甚鉅。

在生活中，誰都想盡情發揮自己的能力。但是，可能由於種種原因，你無法在自己的行業裡取得令人滿意的成就。

有許多人是在自己並不喜歡，甚至討厭的工作崗位上，做著並非自己所願意做的工作。在這種情況下，先不要著急。先思考自己的興趣與專長，為自己重新定位，找尋自己的另一個春天。

所謂的生活，就如寫文章一樣；當你發覺筆下的那一句，不是自己最滿意的、甚至可能是一句敗筆的時候，那你不妨暫時停筆思考一下。或許等到靈感湧向筆尖，不妨另起一行重新書寫，直至滿意為止，或許你會發現另一片寬廣的天空。

02 煩惱都是自找的

有一天，女王獨自到花園裡散步，讓她萬分詫異的是，花園裡所有的花草樹木都枯萎了，園中一片荒涼。

原來，橡樹由於沒有松樹那麼高大挺拔，因此輕生厭世死了；松樹又因自己不能像葡萄那樣結出許多果實，也嫉妒而死；葡萄則哀嘆自己不能像桃樹那樣開出美麗的花朵，於是也想不開死了；其餘的花草樹木，也都是因為自己的平凡而垂頭喪氣；只有細小的忘憂草仍茂盛地生長。

女王感到很奇怪，為什麼平凡的不能再平凡的忘憂草會如此的樂觀，小草說：「女王啊，我知道自己是一株平凡的小草，所以也不會自尋煩惱，妄想要變成一棵大樹或是別的什麼。」

事實證明，世界上只有百分之二的人能夠得到了不起的成功，而其餘百分之九十八的人，只是平平常常的普通人。有些聰明能幹、有遠大抱負的年輕人，總是瞧不起那些平凡過日子的人。他們認為這些人「沒出息」、「微不足道」，「活得沒意思」。

而當他們發現自己奮鬥失敗、無所作為，必須面對和常人一樣平淡無奇的生活時，就會覺得生活無聊透了，因而生出了無盡的煩惱。

宇辰畢業於某一流大學，他學識淵博、心高氣傲。畢業後他沒有像其他同學那樣找間公司上班，一步步贏得晉升，因為他有更遠大的目標：他想自己創業，並逐漸將公司做大做強，直至跨入世界一流企業行列。

在家人的支援下，宇辰開始了他的創業歷程：他辦過網上連鎖商店，賣過電腦，開過會計公司……多年下來卻一事無成，而他昔日的同窗們都已成為主管級的人物了。

家裡人對他這樣亂折騰實在看不下去，就逼著他去報考公職。

宇辰被分配到某環保機關擔任文職工作，但這份工作顯然不能讓他滿意，他抱怨工作繁瑣，認為這樣做下去也不會有什麼前途，於是他每天都在煩惱著，為理想與現實的落差而痛苦著。

生活有目標，想出人頭地，可以說是一種相當積極的心態，可是這必須建立在對平凡生活的肯定之上。惟有對平凡生活的肯定，才能讓人更發憤向上。相反的，如果對平凡生活的狀況一直抱著不滿的態度，那麼想出人頭地的想法，反而會給你帶來負面的影響。

現實生活中，還有許多個「宇辰」，他們無法接受平凡的生活，更不懂得從平凡中找出偉大，因而他們的「遠大理想」帶給他們的通常是煩惱而不是希望。

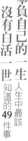

其實，做一個平凡的小人物並沒有什麼不光彩的。

生活中我們常常忽略了小人物，可是小人物並非是愚人，而且恰好相反的，他們多是些能人巧匠。人人都有自己的生活方式，小人物沒有大人物的輝煌，但卻有自己平實的歡樂。

一個站在山頂上的人和一個站在山腳下的人，所處的地位雖然不同，但在兩者的眼中所看到的對方卻是同樣的大小。所以如果你是一個平平常常的小人物，那就千萬不要妄自菲薄，不要自尋煩惱，不要因為仰慕大人物頭上的光環而忽略了自己的生活。

03

平凡才是人生真境界

上帝分別用金杯子、水晶杯子以及木杯子裝了水來招待三位客人。

用金杯子喝水的人放下杯子後得意地說：「感覺很高貴！」；用水晶杯子喝水的人驚喜地說：「水的顏色太美了！」；用木杯子喝水的人喝乾了最後一滴水，然後微笑著說：「水很甜！」

上帝微笑地說：「原來平凡中，人們才能真正地體會生活的真正滋味！」。

平凡會讓你更懂得珍惜自己的所有，更懂得享受生活，你也就更能體會到生活的幸福滋味！

如雪是一個標緻、樸素的女孩，家境小康。有一個男生很喜歡她，但同時也有另一個家境很好的女生對他表示好感。在他眼裡，她們都很優秀，這讓他有些為難，不知該怎麼選擇。

有一次，他到如雪家玩，當走進她簡單但乾淨的房子時，他被窗台上的那瓶花吸引住了，那是個用飲料瓶充當花瓶的小瓶子，裡面插滿了田間野花。

他被眼前的情景感動了，就在那一刻，他決定了誰將是他今生的新娘。促使他下這個決心的理由很簡單，如雪雖然家境沒有另一個女孩好，不是一個可以讓他少奮鬥二十年的人，但卻是個懂得如何生活的人。將來，無論他們遇到什麼困難，他相信她都不會失去對生活的信心。

少寧是個普通的職員，生活簡單而平淡，她最常說的一句話就是：「如果我將來有錢了啊……」同事們以為她一定會說買房子買車，她的回答卻令同事大吃一驚：「我就每天買一束鮮花回家！」

「你現在買不起嗎？」同事們笑著問。

「當然不是，只不過對於我目前的收入來說有些奢侈。」她微笑著回答。

某一天，她在天橋上看見一個賣鮮花的老婆婆，她身邊的塑膠桶裡放著好幾把雛菊，她不由得停了下來。問清了價錢一把才二十元，於是她毫不猶豫地掏錢買了一把。

她興奮地把雛菊捧回家，在她的精心呵護下這束花開了一個月。每隔兩、三天，她就為花換一次水，再放一粒維生素C，據說這樣可以讓鮮花開的時間更長一些。每當她和孩子一起做這一切的時候，都覺得特別開心。一束雛菊只要二十元，但卻帶給少寧和家人無窮的快樂。

莫琳是家小公司中的一名微不足道的小員工，每天做著單調乏味的工作，收入也不是很多。但莫琳卻有一副讓人驚艷的好身材，同事們常常感嘆說：「莫琳真有一副模特兒的身材，能把一些大明星都給比下去！」對於同事的惋惜之辭，莫琳總是一笑置之。

有一天，莫琳在家中清理舊東西，一床舊的緞子被面引起了她的興趣——這麼漂亮的被面扔了實在可惜，自己正好會裁縫，何不把它做成一件中式時裝呢！

當莫琳穿著自己做的服裝上班時，同事們一個個目瞪口呆，直拉著她問是在哪裡買的，實在太漂亮了！從此以後，莫琳的「中式情結」一發不可收拾：她用小碎花的舊布塊做了一件立領帶盤扣的風衣；她買了一塊紅緞子面料稍許加工後，就讓她常穿的那條黑色長裙大為出色……

三個身處不同環境的平凡女人有一個共同點：她們都能從平凡的生活中，找到屬於自己的幸福。

如雪雖然不富有，但她卻懂得盡力使自己的生活精緻起來；少寧生活平淡，她卻願意享受平淡的生活，並為生活增添色彩；莫琳無法得到與自己的美麗相稱的生活，但她沒有絲毫抱怨，還儘量利用已有的東西裝點自己的美麗。所以最快樂的人，並不是一切東西都是美好的，她們只是懂得從平淡的生活中獲取樂趣而已。

其實，世界上的大多數人都並不偉大，但平凡的人生同樣可以光彩奪目。因為任何生命——平凡的生命和偉大的生命，都是從零開始的。只是平凡的人離零近些，偉大的人離零遠些。

追求平凡，並不是要你不思進取，無所作為，而是要你於平淡、自然之中，過一個實實在在的人生。平凡乃人生的一種境界。膚淺的人生，往往嘩眾取寵，華而不實，故弄玄虛，故作深沉；而平凡的人生，往往於平淡當中顯本色，於無聲處更顯精神。

平凡在某種程度上來說，表現為心態上的平靜和生活中的平淡。平淡的人生猶如山中的小溪，自然、安逸、恬靜。平凡的人生也無須雕琢，刻意雕琢就會失去自然，失去本性。

身處紅塵之中，日出而作，日落而息，無寵無辱，自在逍遙，持平凡心，做平凡人，自有享受平凡的妙處。持平凡心，無欲做偉人，則雖無偉人博大精深的威儀，但也沒有高處不勝寒，舉手投足左顧右盼的尷尬；持平凡心，無欲為高官，則雖無炙手可熱、一呼百應的威勢，但也不用煞費苦心伺機鑽營，逢迎拍馬、見風使舵，也不會一朝馬失前蹄、樹倒猢猻散，因貪欲難抑東窗事發而身陷囹圄；持平凡心，無意經商成巨富，則雖無居華屋、坐名車、揮金如土的威風，但也沒有終日搏擊商場、身心俱疲、滿身銅臭、買空賣空，一朝船翻在陰溝，欲捧金碗卻砸了瓷碗的處境。

做平凡人是一種享受：享受平凡，勤耕苦作有收穫，不求名利少煩惱；享受平凡，看海闊天空飛鳥自在翱翔；看山清水秀，無限風光在眼前。享受平凡，不是消極，不是沉淪，不是無可奈何，不是自欺欺人。

享受平凡，是因為平凡中你才能體會到生活的幸福和可貴，幸福不是腰纏萬貫、豪華奢侈，幸福不是位高權重、呼風喚雨，幸福是對平凡生活的一種感悟，只要你經歷了平凡，享受了平凡，就會發現：平凡才是人生的真境界！

04 別把自己擺錯了位置

有一塊鐵非常羨慕花瓶，覺得花瓶每天盛滿著清澈的水，還可以和美麗芬芳的鮮花親近，更重要的是它非常受人重視，每天都被擺在顯眼的茶几上，當花瓶是一件多麼幸福事啊！因此鐵苦苦哀求鐵匠將自己做成一只花瓶。

幾天後，鐵花瓶如願以償地站在了茶几上，它覺得風光極了，然而沒過多久，鐵花瓶就被扔到角落了。因為在水的侵蝕下，它渾身都長滿了難看的鐵銹。

「我為什麼會這樣不幸啊？」它向鄰居老貓哭訴著。老貓仔細看了看它嘆了口氣：「你應該成為斧頭或刀，你的不幸是因為擺錯了自己的位置！」

對於一個人來說，最重要的是要認清自身價值所在，如果你是一顆螺絲釘，那麼就要盡力找對自己的位置，螺絲釘雖然很不起眼，卻可以為機器的運轉發揮作用。但如果螺絲釘硬要充當軸承或是其他什麼重要部件，那它就會成為垃圾。

這個世界上有的人也許能夠成為不錯的教師，可是他卻去學習電子，因為高科技產業正當紅；有的人明明可以成為很好的園藝高手，可是他卻跑去念醫學院，因為覺得醫生可以賺大錢；很多人明明是技術專家、業務好手，可是卻非要追求權力位置，因為大家都認為只有被提拔才意味著被認可……

一般人總是相信，當他們置身於熱門行業時，就儼然處於社會光環的中心，就會得到權力、地位和財富，實現了自我的價值。不過，等他們花盡畢生的力氣追求之後，他們才恍然大悟，原來自己真正應該做的事情沒有做，自己所追求的，根本就不適合自己做，抑或那本來只是一些炫目的泡沫。

有一個電腦軟體公司的經理，因為公司的效益不好就要被解雇了，但是這時一個為他工作的電腦程式設計師開發出一個新的軟體作業系統，投入市場後非常受歡迎，產品銷售一空。

經理保住了他的職位，為此他非常感謝這位程式設計師，並提議要將他擢升為部門經理。沒想到這位設計師立刻回絕道：「我天生就是做程式設計的。如果現在你提升我的話，我只會浪費大家的時間而一事無成。我手頭還有一個程式要做，我先走了！」說完匆匆離去，又開始他新的程式設計。

如果你是將軍，就應該站在將軍之列生活中，很少有人能像這個程式設計師那樣堅持站在屬於自己的位置。

我們大多在流行時尚、熱門話題、搶手職業等社會的喧囂熱鬧中迷失了自己，於是一塊塊可造之材就變成了隨地亂扔的垃圾。我們應該認識到自己其實是一種可貴的資源，應該尋找到最適合自己，最能讓自己發揮才能的崗位。

有一個生長在孤兒院中的小男孩，常常悲觀地問院長：「像我這樣的沒人要的孩子，活著究竟有什麼意思呢？」院長總笑而不答。

有一天，院長交給男孩一塊石頭，說：「明天早上，你拿這塊石頭到市場上去賣，但不要真的賣掉，記住，無論別人出多少錢，絕對不能賣。」

第二天，男孩拿著石頭蹲在市場的角落，意外地發現有些人好奇地對他的石頭感興趣，而且還有幾個人願意出價錢買下石頭。

回到院內，男孩興奮地向院長報告，院長笑笑，要他明天拿到黃金市場去賣。

隔天，小男孩將石頭帶到黃金市場上，居然有人出比昨天高十倍的價錢來買這塊石頭。

最後，院長叫小男孩把石頭拿到寶石市場去，結果這個石頭的身價又漲了十倍。更讓人覺得不可思議的是，由於男孩怎麼都不肯賣，這塊石頭竟被傳揚為「稀世珍寶」。

小男孩興沖沖地捧著石頭回到孤兒院，把這一切告訴院長，並疑惑地問為什麼會這樣。

院長望著孩子慢慢說道：「生命的價值就像這塊石頭一樣，在不同的環境下就會有不同的意義。一塊不起眼的石頭，由於你的珍惜，而提升了它的價值，竟被傳為稀世珍寶。

孩子，你就像這塊石頭一樣，只要自己看重自己、自我珍惜，生命就會有意義、有價值。」

的確，如果你自己不把自己當回事，別人更瞧不起你；生命的價值首先取決於你自己的態度。珍惜獨一無二的你，珍惜這短暫的幾十年光陰，然後再去不斷充實、發掘自己，最後世界才會認同你的價值。

西洋後期印象派大師梵谷的畫，許多人看過後都留下深刻的印象。他那黃色熾熱的色彩和充滿動感的線條，給予人們強烈的感受。梵谷有著坎坷的境遇，雖然從二十八歲才正式走上畫家的途徑，三十七歲就過世了，但是，在短短數年間卻留給我們許多不朽的作品，在藝術上的成就，較之活了九十多歲的畢卡索毫不遜色。

生命的長短不能決定一個人自身價值的大小，只要擺對了自己的位置，你就能實現自我價值。

05 做人要有自知之明

早晨，一隻山羊在柵欄外徘徊，想吃柵欄內的白菜，可是進不去。牠看見了自己的影子，因為太陽是斜照的，影子拖得很長很長。於是牠心想：「我如此高大，一定能吃到樹上的果子，不吃這點白菜又有什麼關係呢？」。

於是，牠便走向遠處的一片果園。可是，還沒到達果園，便已是正午，太陽照在頭上。這時，山羊的影子變成了很小的一團。

「唉，我這麼矮小，是吃不到樹上的果子的，還是回去吃白菜吧。」牠對自己說，片刻又十分自信地說：「像我這樣的身材，要鑽進那個柵欄是沒有問題的。」於是，牠又往回奔跑。等跑到柵欄外時，太陽已經偏西，牠的影子又變得很長很長。

「我幹嘛回來呢？」山羊很懊惱：「像我這麼高大的個子，一定可以吃到樹上的果子！」山羊又折返了回去，就這樣直到黑夜來臨，山羊仍舊餓著肚子。

不能正確認識自己是很多人失敗和痛苦的原因；痛苦常常屬於沒有自知之明的人。

有一位無所不知先生，常常教導他的弟子說：「人貴有自知之明，做人就要做一個自知的人。惟有自知，方能知人。」

有個弟子便在課堂上提問道：「請問老師，您是否知道您自己呢？」

「是呀，我究竟知道我自己嗎？」他想：「嗯，我回去後一定要好好觀察、思考、瞭解一下我自己的個性、我自己的心靈。」

回到家裡，無所不知先生拿來一面鏡子，仔細觀察自己的容貌、表情，然後再來分析自己的個性。首先，他看到了自己的禿頭。「嗯，沒錯，莎士比亞有個亮閃閃的禿頂。」他想。

他看到了自己的鷹勾鼻。「嗯，英國大偵探福爾摩斯——世界級的聰明大師也就有一副漂亮的鷹勾鼻。」他想。

他看到自己的長臉。「哈！大文豪蘇軾就有一張大長臉。」

他發現自己個子矮小。「哈哈！魯迅個子矮小，我也同樣矮小。」他想。

於是，他終於有了「自知」之明。

第二天，他告訴他的弟子：「古今中外名人、偉人、聰明人的特點集於我一身，我是一個不同一般的人，我將前途無量。」

故事中的「無所不知先生」就沒有真正的認清自己，他對自己的評價只能讓人產生妄自尊大的感覺，白白給人留下笑柄而已。

當然，要認清自己是一件很難的事情，有的人甚至走到生命的盡頭，都無法看清自己到底是怎樣的一個人。這是因為我們對自己的認識不夠全面，就像故事中的「無所不知先生」一樣，自己的禿頭、長臉、矮身材都看成是智慧的象徵，只看到自己好的一面，看不到自己糟糕的一面，只看到自己的外表卻看不到自己的內心。

我們平時就應當多注意自己的言行，對自己所做過的事情加以分析，從中對自己進行總結。認識自己也不能像「無所不知先生」那樣把自己的主觀情緒帶進去，人很難對自己有一個正確的評價，就是因為「當局者迷」，所以認識自己的最好方法是站在一旁，像陌生人一樣來評價你自己。接著要盡可能客觀地進行自我檢查，評估自己的能力並認清自己的缺點。

人貴有自知之明，如果沒有自知之明就會痛苦地走一輩子冤枉路，因為沒有哪個人可以在人生的每一方面都表現得很出色，如果我們高估或低估了自己的力量，那麼我們就很可能因為決策失誤而受到傷害。所以對我們來說最重要的就是認識自己、做好自己。

許多時候，我們會不自覺地感到自己的強大，這種信心是不可或缺的。但不可發展為自負，否則就成了狂妄。正如空中的星星，對於塵埃來說它大如宇宙，但對於宇宙來說它小如芥豆。因此，認清自己很重要。

你聽說過魚游得太累、鳥飛得太倦、花開得太累嗎？的確沒有人看過牠們喊累，因為牠們在扮演自己。

手錶知道自己的作用就是指示時間，於是它就忠實地扮演著自己的角色，每過一秒就邁一步，因此它的一生都很輕鬆。

杯子知道自己的功能就是裝水、裝酒或咖啡，於是它自由自在地端坐桌子的一角，無事於心地過著日子。讓自己容納別人是天經地義，所以它一生都過得沉穩自在。

你可曾聽過杯子嘲笑手錶嗎？沒有。

那是因為杯子知道：杯子就是杯子，手錶就是手錶。它們的條件不同，功能也不同。杯子若是想不開，想替代計時；手錶若是想不開，想扮演杯子盛水，就是它們人生噩夢的開始！

所以還是在認清自己之後，甘心地做好自己吧！

如果你不能成為山頂上的高松，那就當一棵山谷裡的小樹吧——但要當一棵山谷裡最好的小樹。如果你不能成為一棵大樹，那就當一叢小灌木；如果你不能成為一叢小灌木，那就當一片小草地。如果你不能成為大道，那就當一條小路；如果你不能成為太陽，那就當一顆星星。我們不能全是船長，必須有人來當水手。

生活中有許多事讓我們去做，有大事，有小事，但最重要的是我們身旁的事。自知是人生的第一步，而自知的目的就是為了忠於自己的角色，扮演好自己。如果一個人能將二者結合起來，那麼他的人生必定是成功的。

06 地位再低也不要自暴自棄

古時有一個泰安小吏嫌自己的地位低下，總是為得不到別人的尊敬而苦惱。一天，他去向老子求教：「先生，我的地位太低，不僅得不到尊敬，而且時常受到欺負，你能給我一些建議嗎？」

老子問明他的情況後，說：「一個人能否受到別人的尊敬，並不是由於他的地位所決定的。江海能成為百川彙集的地方，就是因為它處在最低的地位上！你要想在百姓之上，就必須對他們謙下；要想作為百姓的表率，就必須把個人的利益放在百姓的後面。這樣做了，就不會有人不尊敬你了。」

泰安小吏恍然大悟說：「我明白了，為人表率，才能受人尊敬。」

一個人苦苦尋找自己的地位尊嚴，是無可厚非的，但卻不應該把地位問題看得太重。不可否認，人們的潛意識裡總有著「大人物」與「小人物」的高下之別。但是「大人物」畢竟少而又少，而「小人物」就在你我身邊。況且「大人物」也是從「小人物」不斷地變大的，所以承認自己是小人物，承認自己地位低並沒有什麼可恥。

一個人，如果一定要崇尚什麼的話，他應該崇尚的是智慧，而不是地位的高低。而獲得智慧並不需要先獲得地位。

著名的古希臘寓言家伊索是一個奴隸，他相貌奇醜，但他從不小看自己，反而以自己的絕頂聰明贏得了自由之身。

據說他的主人因為他的醜陋，不肯在一個官員面前承認他是自己的奴隸，說他與自己一點關係也沒有。於是伊索就請那位官員作證，要主人解除自己的奴隸身份，因為他說自己與他一點關係也沒有。主人賞識他這樣敏捷的才智，答應了他的要求，從此，伊索成了一個自由鄉民，他為人們留下了偉大的《伊索寓言》，贏得了後人的極大尊敬。

英國哲學家培根為了保衛自己的地位，而不惜反戈他從前的恩人，一連串的升遷使他終於爬到了大法官的高位。但是對於歷史來說，他的價值卻只表現在他被迫隱居的幾年裡，所寫作和編定的那些不朽的著作上。

我們今天所知道和敬佩的是哲學家培根，並不是大法官培根。他自己也感嘆沒有及早退出官場。

其實，大家都知道，任何偉大的成就都是平凡人從平凡的工作上起步的。韓國總統金大中，在初中時就給自己定下了目標：未來總統——金大中；當時的他受過多少冷嘲熱諷。可是，最終他確實當了總統。

地位是一個人某種能力或權力的表現，卻不是其人生價值的全部表現。處於高位者有其處於高位的難處，而處於低位者，往往具有處於高位者所不具備的大境界。

一個人無論地位高低，都要能清醒地認識自己。地位高的人容易認為自己很了不起，其實未必；地位低的人容易自暴自棄，其實不必；雖然我們不能說人的尊嚴與社會地位毫無關係，但如果把個人的尊嚴完全與社會地位聯繫在一起，一味只從社會地位中去尋找個人尊嚴，毫無疑問也是錯誤的。

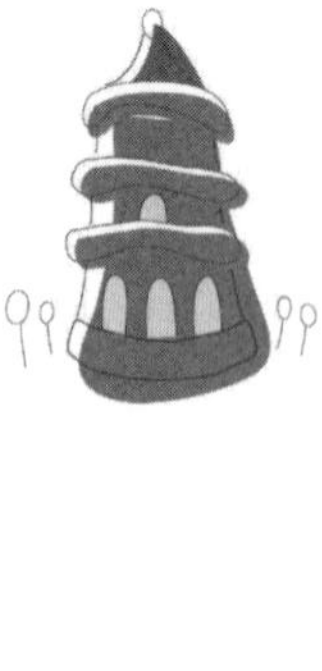

07 學會欣賞自己的美好

有個小男孩頭戴球帽，手拿球棒與棒球，全副武裝地走到自家後院打算練習棒球。

「我是世上最偉大的打擊手。」他自信地告訴自己後，便將球往空中一拋，然後用力揮棒，但卻沒打中。

他毫不氣餒，繼續將球拾起，又往空中一拋，然後大喊一聲：「我是最厲害的打擊手。」他再次揮棒，可惜仍是落空。

他楞了半晌，然後仔仔細細地將球棒與棒球檢查了一番之後，他又試一次，這次他仍告訴自己：「我是最傑出的打擊手。」然而他第三次的嘗試還是揮棒落空。

「哇！」他突然跳了起來，「我真是一流的投手。」

看了上面的這個小故事，你是一笑置之，還是有所感觸呢？故事中的男孩勇於嘗試，不斷給自己打氣、加油，充滿信心，雖然仍是失敗，但是，他並沒有自暴自棄，沒有任何抱怨，反而能從另一種角度「欣賞自己」。

生活中大多數人都習慣自憐自艾、自我批判，他們最常說的是「我身材不好」，「我能力太差」，「我總是做錯事」……他們總是學不會像那個小男孩一樣，換個角度欣賞自己，這都是由於自卑心理作祟。自卑心理所造成的最大問題是：你總是在斤斤計較你的平凡，你總是在設法證明你的失敗，每一天你都在為自己的想法找證據，結果你越來越覺得自己平凡、渺小，處處不如人。

一個值得思考的問題是：為什麼你知道這樣做會使人生更灰暗、負面的感覺更多，卻還是執迷不悟，不知道珍惜人生的天賦美好。我們都是芸芸眾生中的一員，都是平凡的小人物，但我們也有比別人美好的地方，所以千萬不要自貶身價。

關於欣賞自己，古人早就有「懂得欣賞自己，才會有生活之樂趣」一說。而現在也流行說：「若連自己都不欣賞，那你又怎麼會懂得欣賞別人？」這些，都說明了懂得欣賞自己的重要性。

我們總是將欣賞的目光，投注在那些光彩照人的影星、歌星、球星上。喜其所喜，憂其所憂，為他們而魂牽夢縈，癡狂而無法自拔。在欣賞中將自己放在那被遺忘的角落，忽略了一道迷人而實在的風景線——自己。

欣賞自己，沒有超凡的聰穎，卻不乏執著和勤奮；欣賞自己，在欽佩別人的時候，始終沒有忘卻自我；欣賞自己，在挫折面前沒有嘆息和抱怨，只有更加奮然前進的勇氣。欣賞自己，更多的是肯定自己，但絕不是那種自以為是的孤芳自賞，更不是欣賞自己的缺點與錯誤；欣賞自己，是讓自己有信心地走向生活，把一串串美麗的夢想變成神奇的現實，把一個個平淡的日子裝扮得五彩繽紛。

如果一個人對自己都不欣賞，連自己都看不起，那麼，這個人怎麼還有自強、自信、自愛、自省呢？你也許曾埋怨過自己不是名門出身，你也許曾苦惱過自己命運中的波折，你也許曾感嘆過自己人生道路中的坎坷。可是，你有沒有正視過自己？對於一個生活的強者而言，出身只是一種符號，它和成功沒有絲毫瓜葛，你又何必為此而斤斤計較？命運又不是池塘的水，又豈能無憂無慮、平靜無波？生命的行程中如果沒有頑石的阻擋，又怎能激起美麗的浪花朵朵？

平日裡，我們只顧風塵滿面地在塵世間奔波，步履匆匆，眼睛總是在看著別人的美好，因此一不小心就忘了欣賞自己。命運是公正無私的，它給誰的都不會太多，多欣賞自己，你就會發現生活是如此美好，你的生活是如此幸福。

也許你想成為太陽，可你卻只是一顆星辰；也許你想成為大樹，可你卻只是一株小草；也許你想成為大河，可你卻只是一條小山溪……於是，你開始自卑。自卑的你總以為命運在捉弄自己。

其實，你不必這樣：欣賞別人的時候，一切都好；審視自己的時候，卻總是很糟。和別人一樣，你也是一道風景，也有陽光，也有空氣，也有寒來暑往，甚至有別人未曾見過的一株春草，甚至有別人未曾聽過的一陣蟲鳴……做不了太陽，就做星辰，讓自己的星座，發熱發光；做不了大樹，就做小草，以自己的綠色裝點希望；做不了偉人，就做實在的小人物，平凡但不可卑，關鍵的是必須扮演好自己的角色。

不必總是欣賞別人，也欣賞一下自己吧，你會發現，天空一樣高遠，大地一樣廣大，自己有比別人更美好的地方。

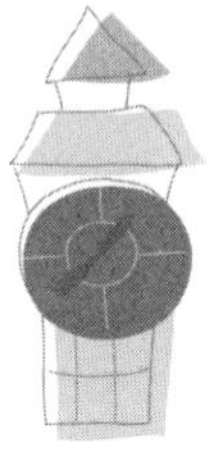

08 缺憾也是一種美

一個被劈去了一小片的圓，想要找回一個完整的自己，他便到處找尋著自己的碎片。由於它的不完整而滾動得非常慢，但也因而領略了沿途鮮花的美麗。

它和蟲子們聊天，它感受陽光的溫暖。它找到了許多不同的碎片，但卻都不是原來自己的那一塊。它堅持找尋……直到有一天，它實現了自己的願望。

然而，成了一個完整的圓後，它滾得太快了，錯過了花開的時節，忽略了蟲子……當它意識到這一切時，它毅然放棄了歷經千辛萬苦找回的碎片。

「莊子」中有一個故事：

有一個叫支離疏的人，他的臉部隱藏在肚臍下，肩膀比頭頂高，頸後的髮髻朝天，五臟都集中在背上，兩條大腿和胸旁肋骨相並在一起。他替人家縫洗衣服，足可過活；替人家簸米篩糠，足可養十口人；政府徵兵時，他搖擺走在市街巷弄間，無人理睬他；政府徵夫時，他也因殘疾而免去勞役；政府放賑救濟貧病時，他可以領到三鐘米和十捆柴。

「支離疏」意即形體支離不全。莊子寫這個人時沒有提到他的名字，想必是因為這個人的真名在當時就已經被人遺忘，而保留下「殘疾人」這個綽號了。在我們眼裡，這個人是很慘的，可莊子卻告訴我們說，殘缺也許是福。

人活在世間，不如意事十常八九，誰能事事順心呢？其實人生從來不曾完美，人生就是這樣子，永遠是缺憾的。佛學裡把這個世界叫作「婆娑世界」，翻譯過來就是能忍許多缺憾的世界。本來世界就是缺憾的，而且不缺憾就不叫作人的世界，人的世界本來就有諸多缺憾，不完美才是完美，太完美了就是缺陷。

我們總是生活在種種缺憾中，缺憾是與生俱來的，沒有缺憾就意味著圓滿，圓滿也意味著停滯、到達了終點。因為圓滿，會使人失去了「咬牙切齒」奮鬥的動力。如此，圓滿反而成了一個最大的缺憾了。

失去斷臂的維納斯，她的美不僅徵服了西方，也徵服了東方。曾幾何時，多少藝術家絞盡腦汁，想為她重塑雙臂，然而，欲成其美，適得其反。許多悲劇之所以那麼耐人尋味，就在於它的缺憾，留給觀看的人很大的思考餘地。

卓越、出色者並非完美，奇才常常有大缺憾。著名影星瑪麗蓮夢露，有人說她臉太短，身體則豐滿得有點偏胖，然而她卻被譽為二十世紀最美的女人。美國總統林肯，形象醜陋，不修邊幅，嗓音粗啞，但他卻是歷史上最完美的演說家。

在美國，《獨立宣言》是廣受尊重的歷史文件，其地位也許僅次於《聯邦憲法》。《獨立宣言》的原件珍藏於華盛頓國家檔案館，是美國的無價之寶。然而這樣一份神聖、莊嚴的文件，有誰能想到，其中竟有兩處「缺憾」。

原來，當初這份文件成稿以後，大家發現遺漏了兩個字母，沒有人認為應該重新抄寫一遍，只是在行間把這兩個字母加了上去，並加上了「V」的脫字元號。在上面簽字的五十六名美國精英，並未因此認為這有辱這份賦予國家自由的文件的聖潔。

《獨立宣言》文字簡約，篇幅不長，重新抄寫得工整漂亮並不難做到。別說這樣重要的文件，就是一份普通的公文也有多少官僚為之而斤斤計較，但這種細枝末節的完美，於問題的實質有無影響呢？值不值得把寶貴的時間精力花費在這上面呢？五十六名胸懷全局、不拘小節、務實的精英們簽下自己的大名，就迅速去為文件的內容而奮鬥了。

世界上完美無缺的文件很多，但成為國寶的有幾件呢？形式上的細枝末節再完善，也不過是個形式而已，內容如何、執行的情況如何才是一份文件的價值所在。

你的生活中是不是也有缺憾呢？還在為它而煩惱嗎？要想尋求到快樂，就必須學會放棄完美。人生的真諦，往往不是寄予「歌舞昇平」的繁華，也非「平步青雲」的愜意，更不在乎「兒孫滿堂」的完美，從某種意義上說，一個完美的人是可憐的。他永遠無法體會有所追求、有所希冀的感受，他無法體會他所愛的人帶給他一直追求而得不到東西的喜悅。沒有缺憾，人生將變成一個癡迷、狂歡的舞台。一個有勇氣放棄他無法實現的夢想的人是完整的，因為他們抵禦了利欲的衝擊。綜觀歷史五千年，其間無怨無悔的，惟有屈原、杜甫、司馬遷等有限幾個罷了，但正是缺憾成了他們的無憾，使他們在歷史長河中熠熠生輝。

世界上的人都在拼命地追求完美，當他們勉強將一件事做到盡善盡美後，馬上又會出現新的問題，他們只好再拆了東牆補西牆，直到把自己的生活弄得一團糟。既然缺憾是無法從根本上改變的，那我們何不笑對缺憾，盡可能地從缺憾中獲得快樂呢？

09 珍惜自己已得到的幸福

年輕時，不知道什麼是幸福，什麼是生活，總以為幸福在別處，別處才是自己的歸宿，總盼望著別處不同的生活，總以為那未知的生活一定是好的，所以不停地追尋，直到有一天猛然發現幸福原來就在這裡，就在此時。享受自身的吃、喝、拉、睡，享受各種甜、酸、苦、樂，才是生命的真諦。

幸福不在別處，幸福就在你身邊，在日復一日的單調工作中，在一日三餐的清茶淡飯中。

人們往往喜歡夢幻中的虛設，不停追尋著某種不實在，而忽略了周圍的一切；其實最真的生活、最大的幸福，常常就在我們身邊，而大多數人都不自知。

一位哲人曾說過：我為了尋求幸福，走遍了整個大地。我夜以繼日、不知疲倦地尋找著幸福。有一次，當我已完全喪失了找到它的希望時，我內心的一個聲音對我說，這種幸福就在你身邊。我聽從了這個聲音，於是找到真正的、始終不渝的幸福。

只有在所有的都看來是幸福和善的，才是真正的幸福和善。因此，只能期望得到符合於共同幸福的東西。誰為了這個目的努力——誰就將為自己贏得幸福。

據佛教教義，如果人們除了自己的靈魂之外，不把任何東西稱作自己的東西的話，他們就是幸福的了。我們都在尋找幸福的使者，它在哪兒?它就在我們身上。「真正的幸福之源就在我們自身，對於一個善於理解幸福的人，旁人無論如何也不能使他真正潦倒。」盧梭如此說。

女兒回家向母親傾訴：「我的婚姻很糟糕，丈夫既沒有很多的錢，也沒有很好的職業，生活總是週而復始，單調乏味。」

母親笑著問：「你們在一起的時間多嗎？」

女兒回答說：「太多了；有時還會起爭執。」

母親說：「當年，你父親上戰場，我每日期盼的是他能早日從戰場上凱旋歸來，與他終日廝守。可惜，他在一次戰役中犧牲了，再也沒有能回來，我真羨慕你們能夠朝夕相處。」母親滄桑的老淚一滴滴掉下來。

在那一刻，女兒彷彿明白了什麼。

我們在追求著幸福，幸福也時刻伴隨著我們。只不過很多時候，我們身處幸福的山中，在遠近高低的不同角度看到的總是別人的幸福風景，往往沒有悉心感受自己所擁有的幸福天地。如果人生是一次長途旅行，那麼，只顧盲目地尋找終點在何處，將要失去多少沿途的風景？

曾經在某雜誌中看到這樣一段有趣的小文字，如果你和文中列舉的數字對照一下，就會發現自己簡直幸福得像生活在天堂中一樣：

假如將全世界各種族的人口按一個一百人的村莊且按比例來計算的話，那麼，這個村莊將有：五十七名亞洲人、二十一名歐洲人、十四名美洲人（包括拉丁美洲）、八名非洲人；五十二名女人和四十八名男人；三十名白人和七十名非白人；三十名基督教徒和七十名非基督教徒；八十九名異性戀者和十一名同性戀者；六人擁有全村財富的百分之八十九，而這六人均來自美國；八十人住的條件不好；七十人為文盲；五十人營養不良；一人正在死亡；一人正在出生；一人擁有電腦；一人擁有大學文憑。

如果我們以這種方式認識世界，那麼忍耐與理解則變得再明顯不過了。

如果今天早上你起床時身體健康，沒有疾病，那麼你比其他幾百萬人更幸運，他們甚至看不到下週的太陽了。

如果你從未嘗試過戰爭的危險、牢獄的孤獨、酷刑的折磨和饑餓的滋味，那麼你的處境比其他許多人更好。

如果你能隨便進出教堂或寺廟而沒有任何被恐嚇、暴行和殺害的危險，那麼你比世上許多人更有好運氣。

如果你的冰箱裡有食物，身上有衣服可以穿，有房子可以住，並且有舒服的床可以睡，那麼你比世上百分之七十五的人更富有。

如果你在銀行裡有存款，錢包裡有鈔票，身上總是有零錢，那麼你屬於世上百分之八最幸運之人。

如果你父母雙全，沒有離異，且同時滿足上面的這些條件，那麼你的確是那種很稀有的地球人。

其實幸福是一種自我感覺，跟別人、跟一切物質條件都沒有必然的聯繫。你若渴了，水就是幸福；你若累了，床便是幸福。珍惜你所擁有的一切吧！簡簡單單的生活就是你最大的幸福。

10 別害怕袒露自己的缺陷

曾經有個人幸運地獲得了一顆碩大而美麗的珍珠，但那並不是顆完美的珍珠——珍珠上面有個小斑點。他想將珍珠上的斑點剔除，於是就狠下心來削去了珍珠的表層，可是斑點卻還在。

他接著又削去了第二層，原以為可以把斑點削掉了，可是斑點依舊頑固地留在上面。於是他就不斷地削掉一層又一層……最後那個斑點雖然不見，但珍珠也不復存在了。

人無完人，每個人都會有一些缺陷：外貌上的、性格上的、經歷上的……當一個人懂得承認自己的不完美時，他也就真正地成熟起來了。

在日常生活中往往有這樣的情況，越是刻意掩飾自己的缺點，自己活得越累，有時甚至還顯得很尷尬。這是因為缺點是客觀存在的，掩飾往往會弄巧成拙。彩音真誠袒露缺點的結果，使對方理解她的缺點，容納她的缺點，這正是他們後來生活幸福和諧的基礎。

缺點或大或小、或多或少，人人都有；然而，面對缺陷，大多數人是去掩飾。掩飾缺點也許是人的天性，畢竟能在大庭廣眾之下袒露自己缺點的人，實屬不多。因此袒露缺點確實需要勇氣。要戰勝自己的懦弱，戰勝自己的虛榮，還要戰勝世俗的偏見。所有這些，沒有超人的勇氣是萬萬做不到的。

著名畫家——劉墉在教國畫的時候，經常發現有些學生極力掩飾自己作品上的缺點，有時畫得差，乾脆就不拿出來了。遇到這種情況，劉墉會對他們說：「初學畫總免不了缺點，否則你們也就不必學了！這就好比去找醫生看病，是因為身體有不適的地方，看醫生時每個病人總是儘量把自己的症狀說出來，以便醫生診斷。學畫交作業給老師，則是希望老師發現錯誤，加以指正，你們又何必掩飾自己的缺點呢？」

阿昌單身了半輩子，突然在四十三歲那年結了婚。

新娘跟他的年紀差不多，但是她以前是個歌星，曾經結過兩次婚，不過都因不同因素而離了婚。在朋友看來，覺得阿昌挺吃虧的，這不是一個好的選擇，因為新娘有太多的瑕疵，朋友都認為他應該有更好的選擇。

有一天他跟朋友出去，一邊開車、一邊笑道：「我這個人，年輕的時候就盼望能開賓士車，可是那時沒錢買不起；到了現在，還是買不起，只好買輛三手車來過過癮。」

他的確開的是輛老賓士車，朋友左右看看說：「三手？看來很好啊！馬力也很足夠！」

「是呀！」他大笑了起來：「舊車有什麼不好？就好像我太太，前面嫁個商人，後來又嫁個上海人，還在演藝圈十多年，大大小小的場面見多了。現在老了、收了心，沒有以前的嬌氣、浮華氣，卻做得一手好菜，又懂得布置家務。說實話，現在真是她最完美的時候，反而被我遇上了，我真是幸運呀！」

「你說得有道理！」朋友陷入沉思。

阿昌握著方向盤，繼續說道：「其實想想我自己，我又完美嗎？我還不是千瘡百孔，有過許多往事、許多荒唐，正因為我們都走過了這些，所以兩個人都變得更成熟、都懂得忍讓、都彼此珍惜，這種不完美，才正是一種完美啊！」

正因為阿昌能夠承認自己的不完美，他才不苛求另一半的完美，結果兩個有「瑕疵」的人才能湊在一起，組成一個幸福的家庭。從某種意義上看，人就是生活在對與錯、善與惡、完美與缺陷的現實中，我們既然能從自己非常優秀與完美的現實中受益，為什麼就不能從自己的缺陷中受益呢？

我們應該明白有缺陷並不是一件壞事，那些自認為自身條件已經足夠好以致於無可挑剔、不必改變現狀的人，往往缺乏進取心，缺少超越自我、追求成功的意志。相反，承認自己的缺陷，正確認識自己的長處與短處，卻可以使我們處在一種清醒的狀態下，遇事也容易做出最理智的判斷。

在人世間，人是注定要與「缺陷」相伴，而與「完美」相去甚遠的。所以不完美也是一種完美，承認自己的不完美是一種豁達、成熟，更是一種智慧！

11 不要只盯著自己的不完美

一個孩子哭了，因為他手上的白紙上有一個黑點，「多麼不完美啊！」媽媽走了過來，抱起孩子說：「孩子，別忘了你還有一張白紙呢！為什麼你只看見了黑點呢？」

世界上沒有十全十美的人，這一點很多人都懂，但他們卻還是整天為自己的不完美而煩惱。其實如果把人看成一張大白紙的話，那麼你的不完美就是紙上的一個小黑點；為什麼你只盯著黑點，卻沒有注意到黑點外的白紙呢？

很久以前有一位商人娶了一個婀娜多姿、嬌美柔媚的太太。兩人情如金石非常恩愛，是人人稱羨的神仙美眷。這位太太身材高挑、眉眼嫵媚，又十分的溫柔賢淑，美中不足的是長了個酒糟鼻子。好像失職的藝術家，對於一件原本足以稱傲世間的藝術精品，卻少雕刻了幾刀，顯得非常的突兀怪異。

這位商人總為太太的酒糟鼻子覺得遺憾，便一心想著彌補這個缺憾。

有一天他行經販賣奴隸的市場，只聽寬闊的廣場上，叫賣奴隸的聲音此起彼落，四周人群接踵摩肩。他們競相吆喝出價，瘋搶奴隸。當他走到廣場一側，發現了一個身材單薄、瘦小清秀的女子，她正以一雙水汪汪的淚眼，怯生生地環顧著這群如狼似虎，將要決定她一生命運的大男人。

這位商人仔細端詳著女孩子的容貌，突然間，他的雙眼一亮，他發現這女子臉上長著一個端端正正的鼻子。他不計一切，決定買下她！

這位丈夫以高價買下了長著端正鼻子的女孩子，興高采烈地帶著女孩子回到家裡，想給心愛的妻子一個驚喜。到了家中，把女孩子安頓好之後，隨即，他就用刀子割下了女孩子漂亮的鼻子。然後，拿著血淋淋而溫熱的鼻子，大聲叫道：「太太！快出來喲！看我給妳買回來了最寶貴的禮物！」

「什麼樣貴重的禮物，讓你如此大呼小叫的？」太太狐疑不解地應聲走出來。

「喏！你看！我為妳買了個端正美麗的鼻子，妳戴上看看。」

說話間，丈夫抽出懷中鋒利的匕首，一下子就將太太的酒糟鼻子切割了下來。霎時太太的鼻梁血流如注，酒糟鼻子立即掉落在地上，丈夫趕忙用雙手把端正的鼻子嵌貼在傷口處，但是無論丈夫如何的努力，那個漂亮的鼻子始終無法黏上妻子的鼻梁。

可憐的妻子，既得不到丈夫苦心買回來的端正又美麗的鼻子，又失掉了自己那雖然醜陋，但是卻貨真價實的酒糟鼻子，並且還受到無辜的刀刃創痛。而那位糊塗丈夫的愚昧無知，令人可恨又可悲。

有些事，可以透過努力改變，有些事，無論如何努力都難以改變。對於我們不能改變的，不管喜歡與否，我們只能接受它們，無法抗拒。

世界就是這樣，事情就是這樣，他人就是這樣，我們應當把這些當成空氣、當成水、當成陽光、當成地球形狀、當成宇宙組成一樣的自然事實來接受。我們可以心懷疑慮或好奇，可以保有提問的權利，但不要試圖去改變什麼。

因為有一些方面，像我們的國籍、父母、遺傳基因、膚色、家境、幼時所受的教育以及將要生長於其中的社會環境，在我們出現之前就是先定的。

人生確實有許多不完美之處，每個人都會有這樣或那樣的缺憾。其實，沒有缺憾我們無法去衡量完美。仔細想想，缺憾其實不也是一種完美嗎？

當我們缺少一些東西時，往往會有更完整的感覺。一個擁有一切的人，在某種意義上來說，他也是個窮人；他永遠不知道求助、希望和夢想的感覺，永遠沒有自己最想要的東西，無法得到希望收成的經歷。

生活不是上帝為了原諒我們，而故意設下的陷阱，生活也不是絕對的是非題，絕對的是或絕對的非。生活比較像棒球賽，即使最好的球隊也會輸掉比賽；最差的隊也有它輝煌的一天。

缺憾也是我們的一部分，為了一點點缺憾而否定自己，實在是一件很傻的事。只有不為缺憾耿耿於懷，我們才能好好享受生活。

12 你就是自己的上帝

一個馬車夫正趕著馬車，艱難地行進在泥濘的道路上。馬車上裝滿了貨物。忽然馬車的車輪深深地陷進了爛泥中，馬怎麼用力也拉不出來。

車夫站在那兒，無助地看著四周，不時大聲地喊著大力士阿基里斯（希臘戰神，相傳是希臘首位英雄）的名字，想讓他來幫助自己。

最後阿基里斯終於出現了，他對車夫說：「把你自己的肩膀頂到車輪上，然後再趕馬，這樣你就會得到大力士阿基里斯的幫助。如果你連一個手指頭都不動一動，就不可能指望阿基里斯或其他什麼人來幫助你。」

自助者天助，完全依賴別人幫你是可悲的，別人對你的幫助不能解決最終問題，只有你自己首先盡力而為。若你對自己的問題也不賣力，總是等著別人幫忙，那你就會被全世界拋棄。任何時候，我們首先想到的應該是自助，其次才是求援。

某人在屋簷下躲雨，看見觀音正撐著傘從路上走過。這人心念一動就請求說：「觀音菩薩，佛法不是講普渡眾生嗎？那渡我一程如何？」觀音說：「我走在雨裡，你躲在簷下，屋簷下沒有雨，你又何需我渡你呢？」

這人聽到觀音這樣說，立刻走出屋簷下，站在雨中：「現在我也在雨中了，菩薩應該渡我了吧？」

觀音說：「我還是不能渡你！」

「為什麼？」這人不明白地問。

觀音說：「你在雨中，我也在雨中，我沒有被雨淋，是因為有傘；你被雨淋，是因為沒有傘。所以不是我渡自己，而是傘渡我。你要想渡，不必找我，請自找傘去！」說完便走了，留下那個人在雨中被淋透了。

道理很簡單，想要不淋雨就自己帶傘，如果總想著依賴別人，到頭來什麼也不可能得到。成功者自救，凡事得靠自己。而有些人卻習慣於把希望甚至是自己，寄託在莫須有的事物或者別人身上，這與毫無勝算的賭局無異，最終只能自食其果。

傑克為農場主人搬東西的時候，不小心打碎了一個花瓶。主人要傑克賠償，傑克非常窮困，又哪裡有錢賠呢。

傑克沒辦法，只好去教堂向神父求救。神父說：「聽說有一種能將破碎的花瓶黏起來的技術，你不如去學這種技術，只要將農場主的花瓶黏得完好如初，不就可以了嗎？」

傑克聽了直搖頭，說：「哪裡會有這樣神奇的技術？將一個破花瓶黏得完好如初，這是不可能的。」

神父說：「這樣吧，教堂後面有個石壁，上帝在那裡，只要你對著石壁大聲說話，上帝就會答應你的。」

於是，傑克來到石壁前，對石壁說：「上帝請您幫助我，只要您幫助我，我相信我能將花瓶黏好。」

話音剛落，上帝就回答說：「你能將花瓶黏好。」於是傑克信心百倍，辭別神父，去學黏花瓶的技術了。

一年以後，傑克不斷認真地學習和不懈地努力，終於掌握了將破花瓶黏得天衣無縫的本領。他將那只破花瓶黏得像沒破時一樣，將它還給了農場主。他要感謝上帝。

神父將他領到了那座石壁前，笑著說：「你不用感謝上帝，你要感謝就感謝你自己吧。其實這裡根本就沒有上帝，這塊石壁只不過是塊回音壁，你所聽到的上帝的聲音，其實就是你自己的聲音。你就是你自己的上帝。」

當一個人沒有依賴思想時，生命的力量就會完全地迸發出來，靠山山會倒，靠人人會跑，只有靠自己才能取得成功。

法國著名作家小仲馬年輕時，寄出去的稿件接連碰壁，而這時他的父親大仲馬的名氣如日中天。

有一天大仲馬得知兒子這種情況，便對他說：「如果你在投寄稿件時，附上一封信，就說你是我的兒子，情況或許會好多了。」

「不，我不能坐在你的肩頭上摘蘋果，這樣摘來的蘋果就沒有味道了！」小仲馬斷然拒絕了父親的提議。

面對一封封無情的退稿信，小仲馬沒有沮喪，終於在屢敗屢戰中寫出了不朽的名著《茶花女》。法國文壇的評論家一致認為，這部作品的價值遠遠超過其父大仲馬的代表作《基督山恩仇記》。

小仲馬終於靠自己的實力登上了文壇的頂峰。如果當年他接受了父親的建議，那可能一輩子他都要在父親的羽翼下生存，文壇上就可能不會留下他任何的足跡。

人的命運掌握在自己的手中，改變命運的不是借助外物或他人的權勢，而是自己內心的力量——自信、智慧、勤奮。

我們每個人都是自己的上帝，只要我們懷著必勝的信念，牢牢握住命運的主宰權，那我們的願望就一定會實現。若只知道乞求別人的幫助，期待天上掉下餡餅，你就永遠也不會有成功的一天！

Part 2 升官發財並不是生活的全部

很多人都認為人生在世，不過名利二字。於是為了金錢，為了權力，他們苦苦鑽營、疲於奔命。這樣一來，他們就錯過了很多美好的事情。

在為了金錢患得患失的時候，他們錯過了與家人共享天倫的歡樂；為了權力與人勾心鬥角時，他們沒能享受到生活的自在與悠閒。其實名利不過是身外之物，生不帶來、死不帶去；也不是衡量生命質量的標準。對我們來說，享受生活才是最重要的。

13 別讓自己活得太累

有一個富翁背著許多金銀財寶，到遠處去尋找快樂。可是走過了千山萬水，也未能尋找到快樂，於是他沮喪地坐在山路旁。一個柴夫揹著一大捆柴，快樂的哼著歌從山上走下來，富翁看著柴夫說：「我是個令人羨慕的富翁。請問，為何沒有快樂呢？」

柴夫放下沉甸甸的柴薪，擦了擦額頭上的汗水說：「快樂也很簡單。放下就是快樂啊！」

富翁頓時開悟：「自己背負那麼重的珠寶，老怕別人搶，總怕別人暗算，整日憂心忡忡，快樂從何而來？」

於是他將珠寶拋在地下，樂呵呵地下山了。

有些外在富足的人可能是最痛苦、最不幸的人。而一些人雖然貧窮，但卻活得瀟灑快樂。很多時候快樂其實是內心的富足，與金錢無關。

現在社會上很多人都說自己活得太累，是因為工作忙累嗎？不見得。有些人一杯茶，一根菸，一張報紙看半天也喊累。是個人家庭負擔過重嗎？也未必。感嘆「活得太累」者中，不少人是人生旅途一帆風順、豐衣足食者，斷無生計之憂與養家餬口之慮。

那麼，這些人「累」從何來？原因應該是多方面的，除了現代生活節奏的加快、人際關係的複雜、不良風氣的影響等外在環境因素外，另外就是「慾望之累」。

人皆有慾，但慾不可縱。有道是「欲壑難填」。大凡說「活得累」者，都與慾望過奢有關。

有些人比下有餘，卻總想著比上的不足，於是便生出許多不滿足：官不夠大，錢不夠多……而這些不滿足，如果是轉化為積極上進、參與競爭的動力那倒也罷！但偏偏許多人是怨天尤人、恨天恨地。在這種情況下，當然不會「心想事成」、「萬事如意」，於是只有嘆息「活得累」了。

有一對貧窮而善良的兄弟，他們靠每天上山砍柴過著艱辛的日子。一天，兄弟二人在山上砍柴時，正好遇見一隻老虎在追咬一個老人。兄弟倆奮不顧身地與老虎搏鬥，終於從老虎口中救下那位髮鬚斑白的老人。而這位老人是一位神仙，他念及兄弟倆的善良和勇敢，於是願意讓他們每人選擇一樣物品，作為送給他們的禮物。

哥哥因為窮怕了，想要有永遠用不完的金銀財寶，於是，神仙送給他一個點石成金的手指，任何東西，只要他用這手指輕輕一碰，就會立即變成金子。哥哥如願以償地成了富人，買了房子置了田地，娶妻生子，過著十分富有的生活。

遺憾的是，金手指也成了他的一種負擔。因為，只要他稍不留意，他眼前的人和物就會在瞬間變成冷冰冰、沒有生命的金子。他甚至把他最寵愛的小女兒也變成了金子。朋友們都對他敬而遠之，家人們也小心翼翼地防著他。守著取之不盡、用之不竭的錢財，哥哥說不出自己是快樂還是不快樂。

而弟弟是一個單純的人，他希望自己一輩子快快樂樂。於是，老神仙給了他一個哨子，並告訴他說：「無論什麼時候，無論遇到什麼事情，只要你輕輕地吹一吹哨子，你就會變得快樂起來。」

弟弟還是像以前一樣，過著艱苦的生活，仍然需要與各種艱難困苦的環境進行搏鬥，仍然需要靠辛勤的勞動獲取溫飽。

但是，每當他遇到一些不如意的事情時，他就吹起那只哨子，那動聽的聲音，就像一縷縷和煦的陽光，像一陣陣溫暖的春風，驅走了他的憂傷和愁苦，給他帶來快樂。

快樂是我們每一個人都在追尋的。這種追尋貫穿了我們的一生。然而，快樂的泉源在哪裡?卻不是每一個人都能找得到的。

生活中大多時候我們總是不滿足，我們的心一直都在流浪旅行，我們從來沒有走在回家的路上——我們永遠不滿足。當我們沒有房子時，就在想：如果有一間自己的房子就好了，哪怕是一間小小的平房。當我們住進舒適的公寓後，又想：怎麼人家有別墅呢？空間又大、又有草地，這個小房子算什麼？……

「知足常樂」是非常難做到的。因為世界上沒有任何東西，能滿足人們內心最深處的渴求。

要想活得輕鬆一些，就是凡事豁達一點、灑脫一點，不必把一點點小惠小利看得過重。而要達到這種境界，關鍵是尋求心靈的滿足。如果一心想著個人享樂，貪戀金錢、官位，便無異是作繭自縛，不僅自己活得精疲力竭，還會危害他人。

快樂若來自於物欲的滿足，是短暫而不幸的，物欲沒有止境，人生就會永無寧日，為了無休止的私欲，注定得與四周環境為敵。而只有來自於心靈的快樂，才是永久而幸福的。才有寧靜、恬淡、平和之感，才有欣賞良辰美景的智慧之眼。

人們之所以活得累，就是因為眼睛總盯著名利不放，這樣活著會很辛苦。很多時候執著也是一種負擔，何不學著放下呢？放下了貪念，你就可以擁有真正的快樂。

14 別讓錢左右你的生活

一個人愛上了一個美麗的女孩，他日夜向上帝請求，希望能娶她為妻。有一天上帝降臨了，他說：「孩子，去找那個女孩吧！她正等著你呢！」那個人興奮了一下，馬上又消沉了：「再等一下吧！我要努力賺錢，給她買個美麗的鑽戒。」

第二年，上帝來催他，他還是在猶豫：「再給我一年的時間吧，我要買一輛漂亮的車帶她去兜風。」上帝搖搖頭走了。

第三年，上帝一出現，他連忙說：「再等……」「不，」上帝打斷了他的話：「我只是來告訴你，那個女孩昨天已經嫁給了一個窮小子，兩人騎著腳踏車蜜月旅行去了！」

我們總是認為必須有錢才能享受生活，事實上享受生活只和你的心態有關，和你的金錢並沒有太大的關係。

在一個美麗的海灘上，有一位不知從哪兒來的老翁，每天坐在固定的一塊礁石上垂釣。無論運氣怎樣，釣多釣少，兩小時的時間一到，便收起釣具，揚長而去。

老人的古怪行為引起了一位小伙子的好奇。一次，這位小伙子忍不住問：「當您運氣好的時候，為什麼不一鼓作氣釣上一天？這樣一來，就可以滿載而歸了！」

「釣更多的魚用來幹什麼？」老者平淡地反問。

「可以賣錢呀！」小伙子覺得老者傻得可愛。

「賣了錢可以幹嘛？」老者仍平淡地問。

「你可以買一張網，捕更多的魚，賣更多的錢。」小伙子迫不及待地說。

「賣更多的錢又幹什麼？」老者還是那副無所謂的神態。

「買一條漁船，出海去，捕更多的魚，再賺更多的錢。」小伙子繼續回答。

「賺了錢又要幹什麼？」老者仍是顯出無所謂的樣子。

「組織一支船隊，賺更多的錢。」小伙子心裡直笑老者的愚鈍不化。

「賺了更多的錢再幹什麼？」老者已準備收竿了。

「開一家遠洋公司，不光捕魚，而且運貨，浩浩蕩蕩地出入世界各大港口，賺更多更多的錢。」小伙子眉飛色舞地描述著。

「賺更多更多錢要幹什麼？」老者的口吻已經明顯地帶著嘲弄的意味。

小伙子被這位老者激怒了，沒想到自己反倒成了被問者。「您不賺錢又能幹什麼？」他反擊道。

老人笑了：「我每天只釣兩小時的魚，其餘的時間，我可以看看日出，欣賞落日，種種花草、蔬菜，會會親戚朋友，悠哉悠哉，更多的錢對於我何用？」說話間，已打點行裝走了。

拋棄了功利的思想，休閒自在地在沙灘上垂釣，不用為錢耗費心力，不用與人勾心鬥角，這是一種多麼令人神往的人生境界啊！然而生活中，很多人還是認為只有自己賺到了足夠的錢，才能不再為錢憂心；然而真的是這樣嗎？

雷先生是一個成功的商人，家有嬌妻愛子、汽車房子，還有令人羨慕的事業，人人都說雷先生實在太幸運、太幸福了，但雷先生卻總覺得自己活得很累：從早到晚應酬不斷，私底下恨不得將對方一刀兩段，表面上卻還得跟對方稱兄道弟，傳杯換盞；生意場上費盡心力，明爭暗鬥，沒完沒了；公司裡忙忙碌碌，事無大小事必躬親……更生氣的是回到家裡妻子和孩子還不理解他，妻子指責他冷落了自己，孩子埋怨他不帶自己出去玩，雷先生也一肚子火，自己在外這樣拼死拼活都是為了多賺點錢，讓一家人生活得更幸福，怎麼卻換來一身埋怨？

為了工作，他決定將已經一再延遲的家庭旅遊計劃再延遲一段時間。這個決定惹惱了妻子，兩人大吵一架後，妻子帶著孩子回娘家了，留下雷先生一個人在家喝悶酒，心裡還直嘀咕：「我到底哪兒做錯了？」

雷先生顯然錯解了幸福的含義，他認為擁有的金錢越多，生活就越幸福，他也總在想：「等我擁有足夠的金錢，我就可以放下一切，自由地享受生活。」然而金錢的誘惑，常常與擁有的數目直接成正比：你擁有越多，你想要的越多。

亞里士多德曾這樣描寫那些富人們：「他們生活的整個想法，是他們應該不斷增加他們的金錢，或者無論如何不損失那些金錢。一個美好生活必不可缺的是財富數目，財富數目是沒有限制的。但是，一旦你進入物質財富領域，很容易迷失你的方向。」

不要抓住金錢不放，你可以隨時享受生活，而不必限定在有了一定數量的金錢以後。

15 安適的生活比金錢更重要

一隻公雞和一隻母雞在草地上刨蟲吃，突然公雞刨出了一塊閃亮耀眼的東西，那是一顆三克拉的鑽石。

「哦，親愛的，」母雞高興地說：「我們把它帶回去好嗎？它太美了！」

公雞搖搖頭：「不行，萬一被主人發現了，他一定認為還有別的鑽石被我們吞掉了，然後就會宰掉我們找鑽石，我們就再也不能在草地上散步、刨蟲吃、曬太陽了！」公雞說完，一腳就將鑽石踢入草叢中。

很多人都希望自己能過著富有、奢華的生活，然而當他們真的擁有了這一切時，卻又發現自己並沒有想像中的快樂。

一對新婚夫婦，丈夫在市場裡賣蔬菜，妻子則開了一家小精品店，兩人最大的願望就是努力賺錢，可以買一間屬於自己的房子。

有一天妻子心血來潮順手買了一張公益彩券，沒想到好運從天而降，她居然中了貳獎，獎金有好幾百萬，夫婦二人高興的不得了。

可是接下來，兩人開始傷腦筋了。錢放在哪兒呢？放在家裡吧！兩人擔心會遭來小偷、強盜的覬覦，每天光提心吊膽就夠了。存在銀行裡呢？現在銀行幾乎是零利率，放在那根本也不能幹嘛；更何況存在誰的名下呢？兩人為這個問題吵了好久，幾乎翻了臉。而這還只是一個開始。

雙方的親戚朋友一批批的來找他們借錢，而且數目都不小，無奈之下兩人只好一視同仁，無論來的是誰一律拒絕，不到一個月，親戚朋友就得罪光了。

這一夜，兩人無言對坐，妻子看著心愛的丈夫，眼淚突然流了下來：「自己明明有了錢，為什麼卻覺得失去了很多。」

我們總是羨慕別人擁有無盡的風光和色彩，羨慕別人的財富和名利；但是一旦自己擁有了原來所渴望的東西，可能反而沒了快樂的感覺。很多時候我們得到了金錢，卻失去了自己，無法弄清自己真正需要的是什麼。

老街上有一個鐵匠鋪，鋪裡住著一位老鐵匠。老鐵匠的經營方式非常古老和傳統，人坐在門內，貨物擺在門外，不吆喝，不還價，晚上也不收攤。無論什麼時候從這兒經過，都會看到他在竹椅上躺著休息，眼睛微閉著，手裡拿著一隻小收音機，身旁有一把紫砂壺。

老鐵匠的收入不多，正好夠他生活。他老了，已不再需要多餘的東西，因此非常滿足。

一天，一個文物商人從老街經過，偶然間看到老鐵匠身旁的那把壺古樸雅致，壺身紫黑如墨，有製壺名家的風格。

他走過去，順手端起那把壺仔細觀看。壺嘴處有一記印章，果然是製壺名家的作品。商人驚喜不已，想以十萬美元的價格買下那把壺。

當他提出這個要求時，老鐵匠先是一驚，後來又拒絕了。因為這把壺是他祖傳的，他們世代打鐵時，都是喝這把壺裡的茶，他們的血汗也都來自這把壺。壺雖沒賣，但商人走後，老鐵匠有生以來第一次失眠。這把壺他用了近六十年，在打完鐵後，喝一口自壺裡倒出的甘美的茶水時，他覺得這是一種最大的享受。而如今，一把他一直以為是個普普通通的壺，竟有人要以十萬美元的價錢買下它，他竟輾轉反側。

過去老鐵匠打完鐵，就躺在小椅子上喝茶，而壺，就順手放在旁邊的小桌子上。而現在，他要小心翼翼地放好，而且不時要坐起來再看一眼，這讓他非常不舒服。他感到他的生活被徹底打亂了，他不知該怎樣處置這把壺。

當那位商人帶著二十萬美元現金，第二次登門的時候，老鐵匠召來左右鄰居，當眾把那把壺砸了個粉碎。

對於真正享受生活的人來說，任何不需要的東西都是多餘的。對於老鐵匠來說，房子再大，適合睡眠的卻只是一張床；錦衣玉食並不合他的心意，麻衫布褸、白粥鹹蛋才是他的最愛。而這樣的生活，需要那麼多的錢幹什麼

平靜地面對生活給予的一切，不要讓慾望這個沒有止境的黑洞來洞穿我們的心靈。一旦我們的心靈上有了缺口，那麼冷風就會肆無忌憚地在其中來回穿行，讓我們終生失去溫暖，變得孤單而寒冷。

對一個人來說，最重要的就是能以自己喜歡的方式生活，有時候過多的金錢反而會成為你最大的負擔。

16 財富謀殺幸福

有一對新婚夫婦，他們婚後生活過得美滿幸福，並且有了兩個可愛的孩子，鄰居們都非常羨慕他們。然而，丈夫總覺得自己的家庭與他見到的有錢人相比，顯得太寒酸了。於是，他告別了妻兒，終年奔波在外，處心積慮地要賺更多錢。

沒有丈夫在身邊的日子，妻子感到家庭冷清沉寂，儘管有了許多的錢財，卻無異於生活在鑲金鍍銀的墓穴中。孩子漸漸長大，卻沒有見過爸爸，也不知爸爸到底在哪裡。

後來，丈夫在一次生意中被人坑騙而破了產，成了一個衣衫襤褸、垂頭喪氣的人。終於，丈夫回到了久違的家，孩子望著這位淚流滿面的陌生人說：「要飯的，我媽媽不在家，待會兒，她買好吃的回來了，再給你吃吧！」

妻子回來了，她一直惦記奔波在外的丈夫。當看到丈夫的那一刻，她什麼都明白了。

丈夫像孩子似的撲進妻子的懷裡，泣不成聲地說：「完了，一切都完了，我的心血全被那幫壞蛋吸乾榨盡了，我已經沒有活路了，我後悔當初沒聽妳的話，早早回到妳的身邊。」

妻子滿是憐惜地看著丈夫，仔細地聽完了丈夫的哭訴，然後，她用手輕撫他的頭髮，臉上露出了幾年來從未有過的微笑說：「你的路曾經走錯了，但現在你的心終於回來了。這是我們全家真正幸福生活的開始。只要我們一家人在一起安居樂業，幸福還是會伴隨我們。」

之後，夫妻二人帶著兩個孩子一起生活，共同經歷風雨，用自己的汗水換來了豐碩的成果。儘管他們的生活並不奢華，但愛的心願充溢著他們的心房，他們重新找回了昔日生活的美好，也懂得了生活真正的含意。

每個人都喜歡金錢，因為金錢可以讓人生活得更舒適，行動更自由。比如說，有了錢，我們就可以去各地旅行；有了錢，我們就可吃遍各種美食，有了錢……但對於金錢和財富，我們要持有一種健康的心態才行，要不然即使有大把的金錢你也不會快樂，也不懂得運用它。

有一對很要好的朋友在樹林裡散步，突然有個乞丐慌忙地從叢林中跑出來，他們便問道：「什麼事讓你這麼驚慌失措？」

乞丐說：「太可怕了，我在樹林裡挖到了一堆金子！」

兩個人心裡忍不住地想：「這個人真是傻瓜！挖到黃金，這麼好的事情居然覺得害怕！」

於是他們問道：「你在哪裡挖到的，能告訴我們嗎？」

乞丐問：「這麼厲害的東西，你們不怕嗎？它會吃人的！」

那兩個人不以為然地說：「我們不怕，請你告訴我們在哪兒吧！」

乞丐說：「就在森林最東邊的那棵樹下面。」

這兩個人立刻找到那個地方，果然發現了很多金子。

其中一人對另一個人說：「這個乞丐真是愚蠢，人人渴望的金子在他眼裡卻成了吃人的東西！有了這些金子他根本用不著再討飯了，真是個傻瓜，難怪要一輩子討飯。」另一個人也隨聲附和地點頭稱是。

於是他們開始討論怎麼處置這些金子。

其中一人說：「白天拿回去太不安全了，還是晚上再拿回去吧。我在這兒看著，你回去拿些飯菜，我們等到天黑再帶走吧。」另外一個人就照他說的去做了。

留下的那個心想：「如果這些金子都歸我一個人多好呀。等他回來，我就用棍子打死他，這些金子就全部屬於我了。」他開心地笑著。

回去拿飯的那個也在想，獨占這些金子該多好呀，於是就在飯菜裡下了毒，要毒死他這位朋友。

剛回到樹下，那個朋友就用木棍將他打死，然後說道：「親愛的朋友，我本不想殺你的，可是這堆金子真的太誘人了，我是不得已這樣做的。」

之後，他拿起朋友送來的飯菜，狼吞虎嚥地吃起來了。沒過多久，他就覺得肚子裡如火燒一樣，他知道自己中毒了，臨死前他無限感嘆地說：「乞丐說的話真是一點都沒錯呀！」

「人為財死，鳥為食亡」為了金錢殺害自己最親密的朋友，這是多麼悲哀的一件事！

因為貪念而放不下，這是非常危險的，它傷害的不僅是自己，而且是別人，甚至可能是我們至親至愛的人。

當我們過分迷戀於金錢時，金錢就會使人性變得畸形，它就像一個理智的殺手一樣，把人引誘到一個可怕的競爭中，並殘忍地斬斷親情、友情和愛情。

金錢只是獲取美好生活的一種手段，錢不是萬能。過分執迷於金錢，人的情感就會變得冷漠；過分追逐金錢，人就會產生妒忌和猜疑。財富真的會謀殺你的幸福。

17 別貪戀身外之物

有一位國王，他非常喜歡聚斂財寶，希望將財寶聚集在身邊，甚至希望轉世後仍擁有這些財寶。他吩咐侍衛：「我要把一國的珍寶都收集到我這裡來，不能讓外面有一點兒剩餘。」

因為貪戀財寶，他甚至將自己的女兒鎖起來，並吩咐她身邊的侍女說：「要是有人帶著財寶來向我的女兒求婚，就把這個人連同他的財寶一起送到我這裡來！」

他用這樣的辦法聚斂財寶，導致全國沒有一個地方還有金銀珠寶，所有的財富都進了國王的倉庫。

有一個寡婦的兒子非常喜歡國王的女兒，但是他家裡沒有錢，根本沒辦法接近國王的女兒。為了這件事，他憂鬱的不吃不喝，沒多久就生病了。

寡婦非常擔心，不知道底發生了什麼事，便問他：「你到底怎麼了，怎麼會病成這個模樣？」

兒子把事情告訴了母親，說：「我要是不能和國王的女兒結婚，我一定活不下去的。」

寡婦心想：「沒有錢，怎麼接近國王的女兒呢？可是國內的金銀珠寶都已被國王搜刮一空一無所剩，到哪裡再去弄到寶物呢？」

寡婦想了一會兒，便對兒子說：「你父親死的時候，口裡含有一枚金幣。你去將墳墓挖開，就可以得到那枚金幣，你就拿去向國王的女兒求婚吧。」

兒子照著母親的話，去挖開了父親的墳墓，順利的取出那枚金幣，他便前去向國王的女兒求婚。而伺候公主的婢女便把他連同那枚金幣送去見國王。

國王見了很驚訝地問說：「國內所有有價值的寶物，都已經盡歸我所有。你在哪裡弄到這枚金幣？你是不是發現了寶藏？從實招來吧！」於是國王用種種刑法，拷打這個年輕人，要問清楚他得到錢的地方。

年輕人回答國王說：「我沒有發現寶藏。只是我母親告訴我，先父死的時候，口中含著一枚金幣。我挖開墳墓，由此得到的這枚錢。」

國王便派人去檢查真假，果然發現了此人父親的墳墓，也證實有挖掘的痕跡。

國王聽了差人的報告，心裡不禁想道：「我努力聚集一切財富，為的是把這些財寶留在身邊、帶到後世。可是那個死人，卻連一枚金幣都帶不走，更何況我這樣多的財寶呢？」

人們總是拼命地追求金錢、權力、地位……為了這些身外之物苦苦鑽營，給自己帶來了精神上沉重的壓力，甚至活得喘不過氣來。

其實，我們每一個人所擁有的財物，無論是車子、房子還是金錢，不管是有形的、還是無形的，其實沒有一樣是真正屬於你的。那些東西不過是暫時寄託於你，有的讓你暫時使用，有的讓我暫時保管而已，到了最後，物歸何主，都未可知。所以智者把這些東西統統視為身外之物。

一味追求財富、名聲、地位，不見得能夠幸福快樂，相反很可能將自己推向充滿痛苦的慾望深淵。所以聰明人擅於取捨，於我有益者，不懈追求；不利身心者，縱然好得天花亂墜，也不為所動，毅然拒絕。這才是智慧。

盲目追求只能讓自己背上沉重的包袱，活得喘不過氣來。而且金錢及物質財富何為多，何為少，很難有一個衡量的標準。

世人為了追求金錢、財富疲於奔命，甚至鋌而走險；其實錢財乃身外之物，生不帶來，死不帶去。這樣拼命地追求又有什麼意義呢？可是很少人能明白其中的道理。要知道，即使我們擁有整個世界，我們也只需一日三餐，只睡一張床。

我們快樂是因為幫助別人得到快樂，努力做自己喜歡的工作，不嫉妒和怨恨別人，不求任何人施予恩惠，只求生活所需。知足，才能常樂，才能免除恐懼與焦慮。只有這樣，才能把自己從貪婪的精神桎梏中解脫出來。

不貪戀身外之物，是一種難得的清醒，誰能做到這一點，誰就會活得輕鬆，過得自在。

18 慾望越小，人生就越幸福

一個老鐵匠和一個富翁比鄰而居，富翁每天都在琢磨怎樣讓自己的錢越來越多，因此常常失眠。

有一天晚上，他正輾轉反側時，忽然聽到隔壁傳來老鐵匠的歌聲。他覺得很奇怪，一個人那麼窮怎麼還會這麼快樂呢？於是他叫人去問老鐵匠快樂的祕訣。

老鐵匠說：「我只要每天有飯吃，有工作可以做就很快樂了！我沒錢，我也從不去煩惱這方面的問題。」

慾望越小，人生就越幸福。一個人如果慾望太多，他就會變得越貪婪，一個永不知足的人是無法感受到幸福的。

天神把即將要投胎的靈魂聚集在一起，並對著這些靈魂說：

「你們將開始一個新的旅程，進入一個肉體中。你們的命運，並不由神明來代為選擇，而將由你們自己選擇。我們將用抽籤來決定選擇的次序，抽到第一個的便是第一個選擇，但一經選擇，命運即為決定不可更改了。各人的選擇由各人自己負責；神明是無辜的。」

說完，便讓眾靈魂開始抽籤，許多靈魂抽到前面的順序非常高興，有些則非常惋惜。天神在眾靈魂面前擲下許多包裹，每個包裹裡都有一個不同的命運，每個靈魂可在其中拾取他所希冀的一個。

散在地下的命運，有成為人的命運，有變成植物的命運，也有變成野獸的命運，雜然並存全部擺在一起。有些命運是終生的，有些會突然中途消失，有些窮困、逃亡、行乞；也有名利富貴的條件，可能是傾國傾城的美麗，可能是權傾天下的權勢，也有富可敵國的財富；其中有蕩婦的命運、有淑媛的命運、有農夫的命運、也有無名小卒的命運……在這些命運中，貧富貴賤、健康疾病，都混合在一起。

當第一個有選擇權的人上前選擇時，他熱衷地上前，看著那一堆各式各樣的命運，他貪心、冒失地拿起一個有著暴利的包裹，便急急忙忙離開。

當他把那個包裹搜羅到底時，他發現他的命運注定要殺死自己的孩子，並且會犯其他的大罪，終身將在監牢裡度過。

於是他連哭帶怨，指責神明，指責一切，除了他自己之外，其他什麼都詛咒了；但他已選擇了，再也不能後悔、更改。他當初原可以仔細、謹慎地選擇他的包裹啊！

幸福與人的基本生存需要是不可分離的。人們在現實中感受或意識到的幸福，通常表現為自身需要的滿足狀態。人的生存和發展的需要得到了滿足，便會產生內在的幸福感。幸福感就是一種心滿意足的狀態。

然而，生活中很多人都是希望自己擁有的再多一些，從來都沒有滿足的時候。

民間流傳一首《十不足詩》：

終日奔忙為了饑，才得飽食又思衣，
冬穿綾羅夏穿紗，堂前缺少美貌妻，
娶下三妻加四妾，又怕無官受人欺，
四品三品嫌官小，又想面南做皇帝，
一朝登了金鑾殿，卻慕神仙下象棋，
洞賓與他把棋下，又問哪有上天梯，
若非此人大限到，上到九天還嫌低。

這首詩對那些貪心不足者的貪婪情況寫得淋漓盡致。物欲太盛就會永不知足；沒有家產想家產，有了家產想當官，當了小官想大官，當了大官想成仙……精神上永無寧靜，永無快樂。

有一個貧窮的農民，他常年住在漆黑的窯洞裡，常常有一餐沒一餐的。可是他整天無憂無慮，早上唱著山歌去幹活，太陽落山又唱著山歌走回家。別人都不明白，他整天樂什麼呢？

他說：「我身體健康、無病無痛，可以獨自生活工作，每晚安然入眠，日子過得好極了！」

這位農民物質上並不富裕，但他卻由衷地感到幸福，這是因為他沒有太多的慾望，從不為自己欠缺的東西而苦惱。

有一個布商擁有很多錢，但他卻終日愁眉不展，吃不好、睡不好。細心的妻子對丈夫的鬱悶看在眼裡急在心上，她不忍心丈夫這樣被煩惱折磨，就建議他去找心理醫生看看。

醫生見他雙眼布滿血絲，便問他：「怎麼了，是不是受失眠所苦？」

布商說：「是呀，真叫人痛苦不堪。」

心理醫生開導他說：「別急，這不是什麼大毛病！你回去後如果睡不著就數數綿羊吧！」布商道謝後便離去了。

一個星期之後，他又出現在心理醫生的診間裡。但是他的雙眼又紅又腫，精神還更加萎靡了。

心理醫生非常驚訝地問說：「你有照我的話去做嗎？」

布商委屈地回答說：「當然有啊！還數到三萬多頭呢！」

心理醫生又問：「數了這麼多，難道都沒有一點睡意？」

布商答道：「本來是睏極了，但一想到三萬多頭綿羊有多少毛呀，不剪豈不是很可惜？」

心理醫生於是說：「那剪完不就可以睡了？」

布商嘆了口氣說：「但頭疼的問題又來了。這三萬多頭羊的羊毛所製成的毛衣，一時間要去哪兒找買主呀？一想到這裡，我就睡不著了！」

有些人就會被種種慾望驅趕著跑來跑去，疲乏至極，每天睜開眼睛想到的是金錢，閉上眼睛又謀劃著權力，日復一日，年復一年。這樣的人怎麼享受的到幸福呢？有些慾望是自然而必要的，有些慾望是非自然而不必要的；前者包括食物和水，後者就是指權勢和金錢等等。我們不能要求自己拋棄名利，完全滿足於清淡生活，但對那些不必要的慾望，至少可以有所節制。

一個人的慾望越多，他所受到的限制就越大，一個人的慾望越少，他就會越自由、越幸福。

19 最重要的是自己

有一隻猴子在樹下發現了一個精緻的小木盒，木盒被一根長長的鐵鍊綁在一棵大樹上。

牠拿起小木盒轉來轉去，突然發現裡面有一顆又紅、又大、又香的蘋果。牠立刻把手從木盒上的一個圓洞伸了進去，牠剛抓住蘋果，一個帶著籠子和刀的獵人就走了過來，猴子想趕快把蘋果拿出來然後逃走，但卻發現洞口太小了，根本拿不出來。

獵人走近了，猴子急得亂叫，牠又不願放棄這麼美的蘋果，所以還拼命地抓著蘋果，於是這隻猴子就被獵人輕鬆地關進籠子裡帶走了。

金錢、權勢是我們每個人都渴望擁有的，但它們卻不是最重要的東西。對一個人來說，最大的財富其實就是他自己。

某家廠商製造了一架特大的天平，足足有一層樓那麼高。廠商貼出廣告聲明：「搬上秤盤的東西都歸你。」一位貪婪的商人得知後，帶著他的僕人趕到那裡。

他對僕人說：「今天我將成為世上最富有的人，世界上的所有最珍貴的東西都將歸我。」

僕人問：「老爺，要那麼多東西有什麼用？」

商人不耐煩地說：「少廢話，你只要像我一樣動手不動口，把世上最好的東西搬到秤盤上就對了。」

商人把許多金銀珠寶搬上秤盤後仍不滿足，又把一塊大金磚搬了上去，這時天平已經極度傾斜，那些盤內之物搖搖欲墜。眼看著那些珠寶就要傾倒下來重壓到商人，商人此刻正危在旦夕。

僕人想喊又沒敢喊，因為老爺只許他動手不許他動口，一急之下，他只好將旁邊巨型大石，扔向那個高高翹起放砝碼的托盤，天平終於趨近平衡。

商人見狀，火冒三丈地怒喊：「難道你不知道什麼是最好的東西嗎？你這個笨蛋！」

僕人反問，「世上最好的，難道不是老爺您的生命嗎？」

的確，世上最好的東西不是身外之物，而是自己的生命。因為一切為生命所造，沒有生命，財富就好比垃圾；也就是說，你比金錢、比權勢還要重要，如果一個人不懂得這一點，那麼他就是一個愚人。

有一個計程車司機，他覺得自己如果擁有了一百萬，他就會擁有幸福，所以他近乎瘋狂的賺錢。一年三百六十五天，他沒有和妻女真正度過一個星期天；他沒有和朋友相聚過一個晚上；他甚至沒有好好吃過一頓飯，沒有時間吃飯，餓了就隨便吃點車上準備的餅乾和乾糧。

終於有一天，他真的賺到了一百萬。

但，因為長期勞累，他的胃出了毛病，他必須開刀動手術，一個胃切掉了三分之二不說，還化驗出惡性腫瘤。接著，是一個療程接一個療程的化療。

這時候，他很想用一百萬換回他的健康，換回他和家人的相聚，換回他所有親情和朋友，但已經來不及了。

許多人將自己的幸福物化，以為自己是為幸福而奮鬥。外在物質的滿足能夠帶來幸福，也同樣可以帶來痛苦，有時甚至會付出慘重的代價。

20 看淡名利你會活得更從容

一對夫妻年輕時共同創業，到了中年終於小有成就，公司漸上軌道，而且發展良好。提起這對夫妻檔，商界的人都伸出大拇指讚賞他們的才幹。然而就在他們的事業如日中天的時候，兩人卻隱退了。

他們辭去了公司董事長、總經理的位置，將大部分股分賣給一個他們平時就很欣賞的企業家，將房子和車委託給好朋友照管，兩個人就瀟灑地環遊世界去。

消息傳出後，大家都覺得可惜，一些親戚朋友也不理解，諷刺他們說：「年齡這麼大了，做事卻像小孩子一樣。那麼大的事業說丟就丟，放著好好的工作不做，偏要去環遊世界！」

在一些人眼裡，這對夫妻確實傻的可以，竟然真的就這樣拋下名利。從此以後，他們再也體驗不到當老闆的風光，以及大把大把賺錢的樂趣了。其實，這對夫妻才是真正的聰明人，他們拋棄了虛名浮利，卻得到了生活的真正樂趣。

名利是一個非常富有吸引力的字眼，同時也是許多人立足社會、搏擊人生的主動力。自古以來，功名利祿就是一些人的人生奮鬥目標。有多少人為了光宗耀祖、福蔭萬世而削尖了腦袋擠仕宦之途，又有多少人因為人生的不得意而鬱鬱寡歡。綜觀古今，在這個世界上，春風得意、躊躇滿志的人畢竟還是少數，歷史上留下來更多的還是眾多為名和利所困擾、所擊敗的悲劇。生活的道路本來是很寬闊的，人生的價值也並不全是能夠用名和利來衡量的，因此，若想活得輕鬆自在些，你就應該看淡名利，活出生活的本色來。

現代人面對著花花綠綠的多姿世界，更應當有淡名寡欲的思想，如此方能在紛繁的世界裡，在眾多的不公平中，在自己的心中，構築一片寧靜的田園。

要能夠在紛繁的大千世界始終保持著平和的心態，就要有窮通達觀的人生態度。所謂窮通達觀的人生態度，就是指「窮亦樂，通亦樂」：身處貧窮之中能夠找到生活的樂趣，感到快樂；身處富裕之中也能夠心態平和，享受生活之樂。說到底，在生活中我們應該始終保持樂觀的生活態度，採取一種順應命運、隨遇而安的生活方式，那麼不管是處於順境還是逆境，我們都能過快樂的、自由自在的生活而不會庸人自擾，不會羨慕那些有錢的老闆，不會抱怨自己的命不好。

名，是一種榮譽、一種地位。有了名，通常可以萬事亨通，光宗耀祖。名，這東西確實能給人帶來諸多好處，因而不少人為了一時的虛名所帶來的好處，會忘我地去追求。

然而，沉溺於名會讓你找不到充實感，讓你備感生活的空虛與落寞。尤為可怕的是，虛名在凡人看來往往閃耀著耀眼的光芒，引誘你去追逐它。儘管虛名本身並無任何價值可言，也沒有任何意義，但是，總有那麼一些人為了虛名而展開搏殺。

真正體會到人生的意義、生命真諦的人，都不會看重虛名。其實，實在沒有必要為了得到一個毫無價值、毫無意義的虛名而去勾心鬥角，弄得鄰里打得頭破血流、朋友反目成仇、兄弟自相殘殺。

錢，是一種財富，是讓生活更加舒適的保證。有了錢，就可以住豪宅、開名車、吃大餐，在一些人眼裡，金錢甚至是一種帶有魔力的、可以讓人為所欲為的東西。

然而任何事情都有相反的一面，金錢也會給你帶來很多麻煩。比如有了錢以後，你就得為自己的安全擔擾，擔憂哪天會不會有人登門搶劫？有了錢，你也許會失去很多朋友，可能會擔心對方是不是為著你的錢來的……

人的一生面臨許多關卡，許多事情都是難以預料的。不管是名分地位還是財富，都不是自己所能決定的。人生活在這個社會中，不可能事事順心。或許一生的努力都是徒勞，或許高官厚祿、巨額錢財在頃刻之間就會離你而去，榮耀風光成為黃粱一夢。一些人老謀深算，為了爭名奪利，不擇手段地算計他人，可在突然之間卻已被他人算計。人何必活得這麼辛苦，又何必活得這麼低賤？因此，淡泊名利是人生幸福的重要前提。如果你渴望輕鬆，渴望真正地獲得生命的意義，那麼請記住——看淡名利。

如果，你的心裡還在為上司這次提拔了別人，而沒有拔擢你感到憤憤不平；如果你還在因為鄰居買公益彩券中了大獎，你卻什麼也沒有得到而久久不能釋懷消氣，那麼，你是不是可以想到，名利其實就是那麼一回事。

其實，何必太醉心於名利，何必為了滿足自己無止盡的慾望東奔西走，忙得唉聲嘆氣。只要認真做好自己應該做的事，在知足中細細地品味生活的樂趣，你也就沒有辜負自己的一生，沒有白活一世。

21 生活中最重要的事

有一位父親是一個大企業的老闆，母親則是一所知名大學的教授，家庭經濟非常好，兩個人都很有學問，人品也很好，但他們的獨生兒子，卻常常因為打架鬧事出入警察局。大家都覺得很奇怪，怎麼他們的兒子會這樣？

原來這對父母親的事業心都很強，平時都各自忙於自己的事業。他們的兒子小時候很乖，在學校成績也不錯，他們倆便很放心，覺得只要在物質條件上滿足他就可以了。

沒想到，進入叛逆的國中時期，兒子和一些壞孩子混在一起，慢慢地沾上了抽菸、喝酒、打架等惡習，一發不可收拾。孩子的變化父母毫無察覺，等到警察局找上門來時他們才知道。之後，雖然他們試圖讓兒子迷途知返，但為時已晚，兒子在另一條道路上終於越走越遠。

這對父母傷心地說：「如果今天讓我們拿現在所擁有的一切，去換取孩子一個正常人普通的健康生活，我們會毫不猶豫地去做。可是，當時就是在我們追求名譽、地位、收入、成就感的同時，我們忽略了對孩子的教育，這是一個多麼令人遺憾的諷刺啊！」

對一個人來說什麼是生活中最重要的事呢？金錢嗎？不，生活中有更重要的事需要我們投入時間和精力，金錢永遠不應該被排在首位。

一位父親下班回到家已經很晚了，又累又煩的他發現五歲的兒子站在門口等他。

兒子用稚嫩的聲音問：「爸爸，我可以問您一個問題嗎？」

「什麼問題？」

「爸，你一小時可以賺多少錢？」

「這與你無關，你為什麼問這個問題？」父親生氣地說。

「我只是想知道。請告訴我，您一小時賺多少錢？」小孩向父親哀求。

「假如你一定要知道的話，我一小時賺二百元。」

「喔，」小孩低下了頭，接著又想到了什麼，抬頭問說：「爸爸，可以借我一百元嗎？」

父親發怒了：「如果你只是要借錢去買玩具的話，那就給我回房間上床，好好想想為什麼你會那麼貪玩。我每天辛苦工作著，沒時間和你玩小孩子的遊戲。」

小孩安靜地回自己房間並關上門。父親坐下來還在生氣。過了一會兒，他平靜下來，想著他可能對孩子太凶了——或許孩子真的很想買什麼東西，再說他平時很少要過錢，父親心裡有些不忍。

於是，父親走進小孩的房間：「你睡了嗎，孩子？」

「爸，還沒，我還醒著。」小孩回答。

「原諒爸爸剛剛對你太凶了，」父親說：「我不該發脾氣的，這是你要的一百元。」

「爸，謝謝你。」小孩高興地歡叫著，從旁邊的撲滿裡拿出一些銅板，慢慢地數著。

「為什麼你已經有錢了還要？」父親不解地問。

「因為在這之前不夠，但我現在足夠了。」小孩說：「爸，我現在有二百元了，我可以向你買一個小時的時間嗎？明天請早一點回家，我想和你一起吃晚餐。」

人的一生有許多重要的事情需要我們去做，去投入精力和時間，有時候確實不可能面面俱到，但無論如何，有些事情是一定要永遠排在首位的，這些事情就是我們生命中最為重要的事。

對大多數人而言，往往會走入這樣一個身不由己的循環：努力工作、拼命賺錢，不惜透支身體健康，不惜犧牲和家人在一起的時間，不惜犧牲對孩子的關愛；當自己的身體在步入中年後逐漸向自己「秋後算帳」，又花錢又受罪——辛辛苦苦賺來的錢，就這樣痛苦地花光了。還慶幸地說：「幸虧我有遠見，當年辛苦地賺了這些錢。」其實正因為當初為了賺這些錢，今天才不得不大把花錢，而且花錢還未必有好的效果……

這種說法也許極端了些，你今天對身體、對孩子教育，一時的疏忽並不一定意味著將來就一定如何，這並不是必然的充分條件。但有一點是肯定的：自己的家庭以及親愛的家人有一個美好幸福的未來，自己有一個健康的身體，將來少去醫院少吃藥，少花些「痛苦錢」，這肯定需要我們今天有意識地在這些方面多加注意，這是必要條件。

也許，今天在這些方面付出時間和精力，的確讓我們少賺了些錢，可我們今天所有透支賺來的錢，將來有一天肯定會連本帶利地花出去。與其這樣，為什麼我們不直接投資於身體和孩子呢？而且，當你意識到你的身體、孩子需要你關心的時候，很有可能就是到了已經需要花錢的時候，最好是從現在起就開始積極地「投資」；自己和家人的平安幸福、孩子的健康成長就是給你的最大回報。

人的一生中，有許多重要的事情需要去做，我們不能把心思全放在賺錢上。錢有很多用處，可是不要忘記，有些東西是你用多少錢都無法再買回來的。

part 3 人生沒有後悔藥

人們總會不由自主地做一些讓自己咬牙切齒的後悔事：我當初為什麼不念理工，改念醫科？當時的高普考，我為什麼不報名？和她分手時，為什麼沒有勇氣再對她說一句愛的話？……如此種種，不一而足。

人們之所以會後悔，就是因為想的太少，面對問題時不夠沉著冷靜。要知道，行動比思維快的結果，往往導致一團混亂。

人生沒有草稿，不能重新再來，這世界上沒有治後悔的藥，錯過的將永遠失去。所以，務必記得：一定要三思而後行。

22 別讓衝動壞了事

南南的爸爸和媽媽大吵了一架，起因是媽媽放在自己外套裡的五百元不見了。媽媽認定是爸爸拿的，但爸爸卻不承認。

下班後，爸爸直接去保姆家接南南，保姆一邊幫南南穿衣服，一邊說：「剛剛我幫南南洗衣服，從他口袋裡找出一張五百元，但都被我洗濕了，我晾在……」

沒等保姆把話說完，爸爸立刻就把南南拉了過去，狠狠打了他兩個耳光，南南的嘴角立刻流血了。

「你竟敢偷錢！害得我和你媽媽大吵了一架，這麼壞的孩子不要算了！」爸爸丟下南南，氣憤地掉頭就走。

南南根本不知道發生了什麼事，只覺得臉很痛，就一直哇哇大哭了起來。保姆對南南的媽媽說：「你先生也太急躁了，不等我把話說完就打孩子。這麼小的孩子哪知道偷錢啊！錢對他來說，只是張花紙，他根本不知道這張紙能做什麼用。一定是他拿著玩時，順手放到自己口袋裡的。」

南南被媽媽抱回家，但卻總是不停哭鬧，媽媽只好帶著他到醫院做檢查。檢查結果讓夫妻倆完全呆住了：孩子的左耳完全失去聽力，右耳只剩一點聽力，將來恐怕得戴著助聽器生活一輩子。

由於失去聽力，孩子的平衡感會變差，同時他語言的表達，也將受到嚴重影響。南南爸爸痛不欲生。他因一時衝動打出的兩個巴掌，竟然毀了自己孩子的一生，他永遠也無法原諒自己，並將終生背負著對孩子的虧欠。

愚蠢的行為往往比理智動作還快。

每個父親都是愛自己的孩子的。南南的爸爸也一定為他設想過前途，想過孩子美好的未來；但衝動，卻讓他親手毀了這一切。

凡事若能冷靜地想一想，不倉促行事，也就不會有衝動，更不會在事後後悔莫及了。不管是在最快樂、最愜意的時候，還是在最憂愁、最生氣的時候，理性是鎮住各種壞脾氣的唯一要素。

衝動情緒往往是由於缺乏周密思考引起的。要知道許多問題的產生都是因為衝動，未經深思熟慮的結果。

當我們在做決定時，常會犯一個老毛病，就是憑衝動行事，既不分清狀況又沒有衡量好自己的能力，因此往往會做一些讓自己賠了夫人又折兵的後悔事。因此，在面臨做決定時，首先應先問問自己，做這個決定到底是為什麼？有什麼目的？如果做此決定會產生何種後果？這樣能促使你三思而後行，避免衝動。

其次，要鍛鍊自制力，盡力做到處變不驚、寬以待人，不要遇到矛盾就以「兵戎相見」，像個「易燃品」，見火就著。倘若你是個「急性子」，更應學會自我控制，遇事時要學會從「熱處理」變為「冷處理」，考慮過各個選項的後果後再做決定。

我們不是神，對一些事情考慮不周是正常的，在做決定時，我們也要經常提醒自己這一點。因為思慮不周所以更不能衝動，一定要控制好自己的情緒，面對問題時儘量保持冷靜。

23 生活中最好的智慧

一個國王想給後世子孫留下最好的智慧，於是他命令大臣們把全國的智慧語錄都彙編起來。

三年後，大臣們獻上了厚厚的十二本智慧書。國王搖了搖頭說：「太長了。」

大臣們於是把書刪減了一遍，呈上了三本書。國王翻了翻說：「還是太長了！」

大臣們把書又壓縮了一下，但國王還是不滿意。

大臣們把書帶了回去，三天後他們獻上了一張紙，那上面只有短短的五個字：三思而後行。

國王笑了笑說：「你們終於幫我找到了世上最好的智慧。」

決定前的思考時間長短，將會與決定後的悔恨、無奈時間成反比；也就是說，決定前思考時間越短，則事後悔恨時間越長。反之亦然。

有一個父親過世之後，只留給兒子一幅古畫。兒子看了十分失望，正要把畫束之高閣，卻覺得畫的卷軸似乎異常的重。

他撕開一角，驚奇地發現有不少金塊藏在其間，於是立刻把畫撕破，取出了金子。然後他又看到卷軸中藏有一張字條，指出畫是古代名家所繪的無價之寶。

可惜，畫已經在他衝動之下被撕得破碎不堪了。

我們做決定時最常說的話就是「做了再說」、「船到橋頭自然直」。雖然說任何決定的意義都取決於自己的價值觀和人生需求，但這卻不代表我們可以憑情緒隨便行動。

在某大公司裡，一群前來應徵的年輕人正面臨著一場定時十分鐘的最後考試。誰通過了，便可進入這家大公司工作。

試卷共三十道題，這可完全出乎這些在前幾次招募考核中，表現出色的佼佼者的意料。這麼多題，十分鐘的時間實在是太急促了。因此，許多人一拿到試卷，半秒也不肯耽擱地慌忙搶著寫，全然不顧監考官：「請大家先將試卷瀏覽一遍再答題」的忠告。

試卷在十分鐘後悉數收齊，總經理親自批閱，然後從中挑出六份試卷。

這六份試卷有一個共同特點，就是一到二十八題全都未做，僅回答了最後兩個問題。而其他試卷上的答題情況，從頭開始做的，最多僅能做十二道題。

然而，該公司最後錄用的，竟然是那六個僅答了最後兩道題的年輕人。

原來祕密就藏在第二十八題中，它的內容是：前面各題均無須回答，只要求做好最後兩道題。

這些參加考試的應徵者能在多次遴選中勝出，學問已沒什麼問題了。但這場考試顯然是要測試學問以外的東西——一個人面對緊急事情時，能不能保持冷靜，能不能三思而後行。

人生有很多抉擇，都是在過急的情況下出錯的。因此，做決定前，請給自己一分鐘做最後的檢查、比較和判斷。或許，你會發現新的盲點。所謂「三思而後行」，說的就是這個道理。

一個決定在你腦海形成而尚未付諸行動之前，這個決定還只是個構想，你隨時要修改都可以。一旦做出實際行動，要改就很難了。因此，如果你投入許多心血去規劃一件事，那麼在做出某一決定前，請再給自己一分鐘的三思時間，在決定前，給自己一分鐘，決定後你就可以省下幾十個小時甚至幾個月的修正、改過時間。

事前多想想，事後後悔的機率就小一點。

當我們面對時刻變化著的世界時，對事物的認識可能會出現一些錯誤。因此，我們經常會遇到因考慮不周、魯莽行動，而造成損失的情況，所以我們遇事才要「三思而後行」。這是老祖宗留給我們的最好的智慧。

24 別讓錯誤一再重演

有個農夫牽了一隻山羊，騎著一頭驢打算進城去趕集。

有三個騙子知道了，想去騙他。

第一個騙子趁著農夫騎在驢背上打瞌睡之際，把山羊脖子上的鈴鐺解下來，繫在驢尾巴上，就把山羊牽走了。

不久，農夫醒來回頭一看，就發現山羊不見了，他忙著尋找那隻羊。

這時第二個騙子便走過來，熱心地問他找什麼。

農夫說山羊被人偷走了，便問他看見沒有。

騙子隨便一指，說看見一個人牽著一隻山羊從林子中剛走過去，可能是那個人，便要農夫快去追！

農夫急著去追山羊，便把驢子交給這位好心人看管。等他兩手空空地回來時，驢子與好心人自然沒了蹤影。

農夫傷心極了，一邊走一邊哭。他責備自己為什麼會這麼容易相信別人，他沮喪地想：「我真是後悔，為什麼要把驢交給陌生人！」他越想越哭得厲害。

當他來到一個池邊時，發現一個人坐在水池邊，哭得比他還傷心。農夫覺得奇怪：「還有比我更倒楣的人嗎？」就問那個人哭什麼。

那人告訴農夫，他帶著兩袋金幣要去城裡買東西，路過這裡想在池水邊歇歇腳、洗把臉，卻不小心把袋子掉到水裡了。

農夫說：「那你趕快下去撈就好啦！」

那人回答說自己不會游泳，如果農夫可以幫他撈上來，他願意送給農夫二十個金幣。

農夫一聽喜出望外，心想：「這下子可好，羊和驢子雖然丟了，可是如果我可以拿到二十個金幣，那損失不僅全補了回來，還大大有剩呢！」

於是，他連忙脫光衣服跳下水，打算尋找那袋遺失的金幣。

但當他空著手從水裡爬上來時，他的衣服、乾糧全不見了，而僅剩下的一點錢，還在他衣服口袋裡呢！

沒出事時麻痹大意，出現意外只知痛悔不已，三個騙子正是抓住了農夫的這個弱點才輕而易舉地騙走了他的財物。

人們在工作、生活中，遭受到挫折和失敗是難免的，但，如果吃了虧以後能長點智慧，那也是一件好事。

秀蘭與丈夫剛結婚不久。有一次秀蘭在捷運上，聽見幾個人談論股票有多賺錢，她就心動起來。她心想：「如果我可以快點賺一筆錢，就可以把房貸還清，日子就會舒服多了。」

當天晚上，秀蘭就回家和丈夫商量這件事，想把手邊的存款拿去買股票。先生卻表示反對，他認為還是實實在在地存錢還貸款比較心安。

但秀蘭沒有聽從丈夫的勸告。她領了十萬元，便自己跑去證券行，打算買一支賺錢的股票。但，站在股票大廳，紅紅綠綠的指數跳啊跳的，完全不懂的秀蘭，怎麼懂要怎麼買？她茫然不知所措。正在這時，她聽見旁邊幾個四十多歲的女人正在談論一支股票，說會穩賺不賠。秀蘭一聽心一橫，就把身上的錢，全買了那檔股票。

結果才沒幾天，秀蘭買的股票大跌，十萬塊錢全部沒了。秀蘭傷心地哭天搶地，只差點沒去跳樓。她每天以淚洗面，自責不已。

又過了幾年，某一天，一個遠房親戚打電話來找秀蘭，他告訴秀蘭自己找到了一個賺大錢的工作，認真做兩年就可以買車買房子。她說的天花亂墜，又發誓又保證的，秀蘭又動心了。

她瞞著丈夫，又把存款取了出來，跟親戚投資去了。

只是，半年過去了，秀蘭不僅沒有賺到錢，反而還欠了許多卡債。原來，親戚帶著她去做傳直銷，秀蘭在沒有仔細考慮的情況下，刷卡買了許多自己無力銷售的產品。

從此以後，秀蘭就像變了一個人似的，每天都要把自己的上當經歷搬出來哭哭鬧鬧，恨自己笨、恨自己沒用。先生好言相勸，無奈秀蘭就是不聽，先生被秀蘭鬧得心神不寧，工作也不順利，最後兩人只好離婚了。

做錯決定，尤其是做錯一些讓你後悔終生的大決定，確實是件讓人扼腕不甘、難以忘懷的事。但是，過去的事就讓它過去吧！如果真要說那些過去的事，有什麼價值和意義的話，那就是讓我們記取教訓，不再做類似讓我們後悔的事罷了。

上述的故事，當秀蘭第一次失敗時，本應記取這次教訓，不再輕信別人的話，對自己不瞭解的事物，不輕易冒險投資。但她卻把時間浪費在後悔自責上。以致於又犯了類似的錯誤，毀了自己的一生。

錯誤人皆有之，犯了錯誤的人，只要不堅持錯誤，願意及時悔悟，並設法改正錯誤，就絕不是平庸之輩。

這世上沒有從來不犯錯誤的人，但是犯了錯誤後，就要接受一次教訓，增長一分才智。如果一個人犯了錯誤不懂得總結教訓，只會坐在那裡後悔自責，那麼他就很可能會再犯類似的錯誤。

一個人如果在犯錯後，只會痛罵自己是混蛋、傻瓜，那也只能給自己增添悔恨和沮喪罷了。不知吸取教訓的人，將在悔恨裡度過一生。

25 抓住人生最關鍵的時刻

老管是個行動不便的老人，他的頭髮白了，手腳沒力氣了，他是個垂垂老矣的老人。

他年輕的時候，總是超時工作、拼命賺錢，他總說是為了家人。當假日的時候，別的同事們帶全家大小出外渡假，他還到餐廳幫忙，以賺取額外收入。他心想，只要房貸還清，他就帶全家大小全國好好遊玩一下。

但，隨著孩子慢慢長大，學費、生活費也越來越高，物價指數只飆高不降。老管就更不敢隨意花錢，暫時將遊玩的事擱下，心想，那等小孩子長大再說好了。

當小孩終於大學畢業了，老管夫妻倆打算到日本去看看。可是，就在起程前兩天的早晨，他突然發現枕邊的老伴心臟病發作，一命歸天了。

這是個怎樣的遺憾啊！他逢人便說：「如果再給我一次機會，讓我可以重新再活一次，我一定要好好享受人生，一定不會再忽略我的家人！」

然而人生沒有彩排，逝去的將永不會重來，一切都等到失去了再來後悔，又有什麼用呢？

一位修行禪師說：「人生只有三天，活在昨天的人迷惑，活在明天的人等待，只有活在今天的人最實在。」但是很多人眼睛總是盯著明天，他們沒有時間停下來，看一看今天的美景，直到年老的時候，他們才為自己錯過的一切而後悔。

在歐洲阿爾卑斯山中，有一條兩旁風景很美的大道，大道上掛著一句標語，寫著：「慢慢走，請注意欣賞！」旅途中不經意的花草，或許勝過你刻意追逐的頂峰；海灘邊偶爾撿到的貝殼，也許成為你一生的珍藏。

如果說生命是一種體驗，幸福是一種感覺，那麼趕路時，千萬不要錯過欣賞沿途的景色，忽略或遺忘那些真正的快樂。走一走，停一停，欣賞一下風景，你將不會有「歸來時空空如也」的悔恨。

從年輕時開始，偉剛就一直在錯過。

十八歲時，他痛苦地發現自己錯過了學習的大好時光。

二十歲時，他錯過了初戀的女孩，因為他不夠勇敢，所以沒能留住她。

二十二歲時，他錯過了一個不錯的工作機會，他為此後悔了好久。

二十五歲時，他娶了一個端莊美麗的妻子，但他還在懷念自己的初戀女友。

三十歲時，偉剛錯過了一個晉升的機會，回家以後他把自己的怨氣都發在了賢慧的妻子身上。那一夜，她哭得非常傷心。

四十歲時，偉剛在鄉下的老母親去世了。他後悔地說：「早知道，就早點將媽媽接來一起住，那還能多孝敬媽媽幾年，管他生活好不好，能跟媽媽在一起才實在。」

五十歲時，偉剛成了醫院的常客。他後悔以前沒有好好愛惜身體；從前拿命換錢，如今要拿錢換命！

五十五歲時，他又錯過了退休的好時機，不得不拖著病體再堅持五年。

六十五歲那年，妻子生了很重的病，偉剛有時間就守在妻子身邊，因為她的時間已經不多了。他感嘆地說：「這一生我真的錯過了很多，現在連妳也要離我而去嗎？」妻子帶著滿足的微笑說：「那我很幸運，至少我沒錯過你！」

偉剛老淚縱橫，原以為兩人可以永遠在一起，所以終日忙著工作與繁瑣的事，卻從不曾用心體貼朝夕相處的另一半。他緊緊地抱住了妻子：「這輩子，我錯過了妳四十年來的深情……」

很多人都在一生中不停地錯過，錯過愛情、錯過事業、錯過夢想、錯過生活……人只能活一次，一旦錯過了就將遺憾終生。

你是否有過這樣的經歷？曾經買了一件很喜歡的衣服卻捨不得穿，鄭重地把它供奉在衣櫃裡；許久之後，當你再拿出來準備穿的時候，卻發現它已經過時了，你就這樣與它錯過了。

也曾經買了一塊漂亮的蛋糕卻捨不得吃，鄭重地把它供奉在冰箱裡；許久之後，當你決定吃它的時候，卻發現它已經過期了。所以，你又這樣與它錯過了。

沒有在最流行的時候穿上的衣服，沒有在最可口的時候品嚐到的蛋糕，就像沒有在最應該做的時候，去做的任何事情，這都是人生無可挽回的遺憾。

任何事物都是有保存期限的，一年、三年、五年，總會有過期的時候。人的生命也是一樣，所有想做的事應該趁早去做，不要錯過了，否則，只剩下美麗的遺憾。要知道，如果只是把心願，鄭重其事地供奉在心裡，卻未曾去實行，那麼，唯一的結果就是與它錯過。一如那件過時的衣服，一如那塊過期的蛋糕。

人生短短幾十年，「現在」對我們來說，才是最珍貴的。一個人把握住了現在，他也就把握住了自己的人生。

人生就像是下棋，一步失誤，滿盤皆輸，這真是令人悲哀的事；況且人生還不如下棋，永遠不可能再來一局。當然，也不可能悔棋。

26

珍惜身邊的一切

花園中有一株紅玫瑰和一株永不雕謝的塑膠花，紅玫瑰總覺得自己留在小花園裡太委屈，應該去更大的地方，讓更多的人欣賞到自己的美麗。

塑膠花看它悶悶不樂就開導它：「妹妹，其實這裡很好的啊，有翠綠的小草，有芬芳的土地，主人還不時為你澆水！花無百日紅啊！努力讓自己開得再美麗一些吧！」紅玫瑰卻聽不進這些規勸的話，它的眼睛正看著圍牆外的天空呢！

幾天以後，玫瑰漸漸枯萎了，生命的最後一刻它哭著說：「多香的泥土啊！多綠的小草啊！為什麼我從前沒發現呢？」

生命中最大的浪費，莫過於浪費時間。

人也常是這樣，不失去時便不知道珍惜。不懂得珍惜的人，就不會懂得生活的甘苦，他們不懂得幸福來之不易，不懂得時間一去不返，他們每天都在浪費著自己的幸福，直到失去一切的時候才會後悔自己的輕狂無知，然而一切都已經太晚了。

張老師接到了一個年輕人的求救電話，那個年輕人在電話裡表示自己渴望成功，希望張老師能指點他往成功道路邁進。

這位張老師便與年輕人約好了見面的時間和地點。

那個年輕人依約前來，卻看到房門已經敞開了，眼前的景象卻令年輕人頗意外——這房間裡非常凌亂，一片狼藉。

沒有等年輕人開口，那名張老師就說：「你看這太不整潔了，請你在門外等候一分鐘，讓我收拾一下，你再進來吧。」一邊說著，他就一邊輕輕地關上了房門。

大約一分鐘的時間，張老師又打開了房門，並熱情地把這位年輕人請進了房間內。這時，在年輕人的眼前展現的完全是另一番景象——房間內的一切已變得井然有序，而且還有兩杯剛剛倒好的紅酒，在淡淡的酒香氣息裡還蕩漾著微波。可是，還沒等這個年輕人發問呢，這名張老師就非常客氣地說道：「喝完這一杯，你就可以走了。」

年輕人手持著酒杯呆楞地看著他，既尷尬又非常遺憾地說：「可是，我……我還沒向您請教呢……」

「這些……難道還不夠嗎？」張老師一邊微笑著，一邊掃視著房間，輕聲地說：「你進來又有一分鐘了。」

「一分鐘……一分鐘……」年輕人若有所思地說：「我懂了，您讓我明白了，一分鐘的時間可以做很多事情，一分鐘可以改變許多事情的深刻道理。所以珍惜現在的每分每秒，才是最重要的。」張老師聽完，開心地笑了。

年輕人把杯裡的紅酒一飲而盡，連連向張老師道謝後，開心地離開了。

其實，只要好好把握生命中的每一分鐘，就能掌控成功、完成美滿的人生。

「花有重開日，人無再少年。」樹木枯了，有再春的時候；花兒謝了，有再開的時候；燕子去了，有再飛回來的時候；然而一個人的生命窒息了，就沒有再生的機會。到那時，你再悔恨、再自責又有什麼用？

所以，把握生命的每一分鐘全力以赴，追逐我們心中的夢，我們的生命便不會隨著今天的虛度而枯竭，更不會因為明天的等待而消亡。

珍惜情義，因為它是使人幸福的主動力。珍惜親情，看看父盼的雙眼，聽聽他們溫暖的叮嚀，想想他們的諄諄教誨，你會更加懂得這份「誰言寸草心」的情懷。現在就去告訴他們你的愛，好好照顧他們、關心他們，千萬不要讓自己有「子欲養而親不待」的傷痛和悔恨。

珍惜愛情，相愛是百年的緣份，互相諒解、互相包容，「執子之手」或許未必能天荒地老，但在一起的時候還是多想著對方的好處，讓每一天都是快快樂樂的。

珍惜友情，因為它真摯。相遇難，相知更難。芸芸眾生，能與朋友相識，是一種難得的緣分。

珍惜生活中的一切：陽光，給我們溫暖；和風，給我們涼爽；綠葉，給我們生機；星空，給我們遐想……用心去體會，你就會知道生活中原來有很多東西都是如此珍貴，懂得珍惜，你才會一生無悔。

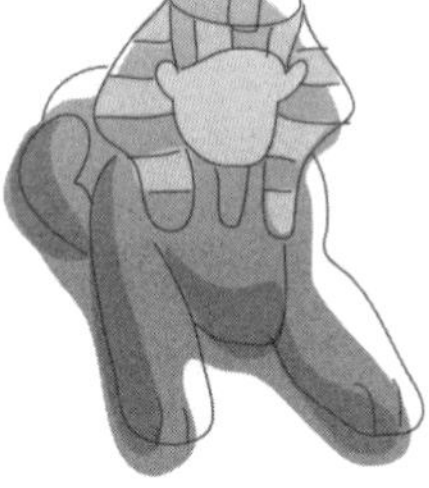

27

別拿石頭砸自己的腳

一個人養了一頭驢和一隻狗。驢每天從早到晚不停地拉磨，非常的忙碌，但狗卻不用幹活，只管吃、睡、玩。不僅如此，驢每天還必須挨打挨罵，狗卻備受主人喜歡。

為什麼主人對自己這麼不公平呢？驢仔細觀察了一下。原來，每次主人回來的時候，狗都會一邊叫、一邊迎上去搖頭擺尾，討主人喜歡。驢子明白了，自己就吃虧在不會討主人歡心，牠決定要向狗學習。

第二天主人剛進門，驢立刻就學著狗的樣子迎了上去，主人大吃一驚：「快來人！這頭驢瘋了，快把牠送去宰了吧！」

行動之前的決定是由一連串的判斷而來，如果沒有看清情況就倉促行動，很可能會使人做出「搬石頭砸自己腳」的蠢事。

一個下午，有個一等兵開著一輛有著帆布頂篷的大卡車，艱難地行駛在雨下過後，異常泥濘的道路上。

卡車已經兩次陷進深深的泥漿之中，到了第三次，一等兵一直擔心的事情終於發生了，卡車滑進泥坑直陷到車軸處。

就在這時，一隊軍車車隊從右邊駛過。看到這輛陷入困境的卡車，車隊立即停下來。一位將軍從頭一輛汽車中走了出來。

他問一等兵：「遇到麻煩了？」

「是的，將軍。」一等兵恭敬地回答。

將軍繼續問：「車陷住了？」

「陷在泥坑裡，將軍。」

這位將軍觀察了一下，他認為這是一個促進官兵同甘共苦的好機會。於是，他決定身體力行，給大家做個榜樣。

「大家注意！」他拍拍手用命令的口氣高聲叫喊著：「全體下車！所有人都過來幫忙！我們讓一等兵的車子重新跑起來！大家一起動手吧！」

結果，從車隊裡鑽出十多個軍官，少校、上尉，一個個穿著整潔的軍服，他們和將軍一起努力推著大卡車，又拉、又扛、又抬，就這樣努力了十多分鐘，卡車才又重新回到道路上。

想當然爾，當那些帥氣的軍官，穿著滿是污泥的軍服坐回座車時，他們的樣子是何等的狼狽，他們在心裡又是怎樣詛咒這道命令。但那位將軍正為自己的善舉，而洋洋自得。他又走到一等兵面前。

「對我們還滿意嗎？」

「是的，將軍先生！」

「讓我看看，你在車上裝了些什麼？」

將軍拉開篷布，他看見在車廂裡坐著整整二十二個士兵。

當發現問題時，首先要判斷這個問題值不值得我們花心思去研究，然後把所有關於這個問題的東西都搞清楚，再判斷到底該怎麼做。簡單地說，在思考及評估一個決定的過程中，判斷一個個環節，不停地過濾掉不合邏輯的東西，剩下的就是我們該採取的正確行動。當然所有的一切判斷必須以實際情況為前提。

上述故事中的將軍，就是因為沒對遇到的問題考慮清楚，所以才下了一道讓自己丟臉的命令。他尚未弄清楚整個問題，就急著判斷、做決定，結果做出的決定是一團糟，事實和想像差了十萬八千里。這種情形，就像我們打靶時，還沒瞄準就扣了扳機，結果不僅浪費子彈，說不定還傷到他人或其他物品，到時再後悔，就後悔莫及了。

還有人會「砸到自己的腳」是因為在情緒不好的時候，就隨便下決定導致的。

一位美麗的少女與一位才華出眾的意中人共墜愛河，少女的家人卻極力反對；他們認為門不當戶不對，因為那小伙子實在太窮了。少女雖極力堅持，卻不料此時意中人意外地離去。少女遭受重大打擊後萬念俱灰，便任意聽從父母的安

排，嫁給一位自己並不愛的人。

隨著歲月的流逝，這位少女慢慢地發現，她的婚姻，只是從一種傷痛中，走向另一種更深的痛苦。

人難免會有情緒低沉、意興闌珊的時候，只是這時千萬別做任何重大決定。當我們痛苦消沉時的決定、賭氣時的衝動決定、悲觀失望時的無奈決策，其實都是不明智的。經過多年以後，當我們再次回首時，就會明白這些決策給我們造成多大的傷害。

遇到問題時應平心靜氣地思考；越是重大的決策，越是要心平氣和、頭腦冷靜、周密地分析各種資訊，判斷各方局勢，做出認真負責的決策。

當一個人情緒波動比較大，或壓力比較大時，要能做到冷靜理智，確實是件很困難的事。但，這時也是最危險的時候；因為我們可能喪失清晰的分析判斷能力，很容易做出糟糕透頂的決策。

而且，在這種時候，人往往會有一種儘快擺脫這種處境的渴望：我不想繼續在這種漩渦裡，我要趕快離開。在這種情緒下，我們真的很容易做出後悔終生的決定來。所以，務必記得：在情緒不好的時候，首先應冷靜下來，先控制住自己的情緒，而不是匆忙決策。

如果不想做出令自己後悔的決定，那麼面對問題時，就一定要好好釐清現實種種情況。這樣就可以用事前的「四兩」去撥事中的「千斤」。但如果在事前出現失誤、疏忽，那麼事後可能是用「千斤」也無法彌補的。

28 千萬別鎖住自己

一隻老虎在樹下休息時，看見一隻刺蝟正攤開四肢曬太陽。

「哈哈，」老虎想：「真不錯，午餐有著落了！」牠跳起身就朝刺蝟衝去。可是刺蝟反應的也不慢，牠馬上蜷起身子，老虎一口咬在刺上，痛的老虎一聲怪叫，起身就跑。

老虎昏頭脹腦地亂竄，最後不支暈了過去。等老虎醒來時，立刻大吃一驚，原來自己的周圍全都是「小刺蝟」（其實是橡樹球），牠趕忙哀求這些「小刺蝟」放過自己，但沒有得到任何回應。

一天、兩天、三天……老虎就站在那裡，活活餓死了。

很多時候，我們都被自己的固定的思維給鎖住了。我們常常犯了自以為是的錯誤，不敢去嘗試，結果白白錯過了很多機會。

某天，一家報紙上登了這麼一則廣告：「一百元購買一輛豪華轎車。」

小劉看到這則廣告半信半疑：「今天不是愚人節嗎？」但他還是帶著一百元，按著報紙上的地址找了去。

在一棟非常漂亮的別墅前面，小劉按了電鈴。一位高貴的少婦為他打開門，問明來意後，少婦把小劉領到車庫裡，指著一輛嶄新的豪華轎車說：「喏，就是這輛車。」

小劉腦子裡閃過的第一個念頭就是：「這車壞了。」他說：「請問，我可以試試嗎？」

少婦笑了笑：「當然可以！」

於是小劉開著車兜了一圈，車況一切正常。

「這輛車該不會是贓車吧？」小劉要求驗看行照，少婦也拿給他看了。

於是小劉付了一百元。當他開車要離開的時候，仍百思不得其解。他問說：

「太太，您能告訴我這是為什麼嗎？」

少婦嘆了一口氣：「唉，我老實告訴你吧！這是我丈夫的遺物。他把所有的遺產都留給了我，只有這輛轎車，是屬於他那個情婦的。他在遺囑裡把這輛車的拍賣權交給了我，但是所賣款項要交給他的情婦。於是，我決定賣掉它，一百元就好。」

小劉恍然大悟，他開著轎車高高興興地回家了。

回到家時，小劉遇到了鄰居老陳。老陳好奇地問起轎車的來歷。等小劉說完，老陳一下子癱在地上：「天啊！我一個禮拜前就看到這則廣告了！」

生活中什麼事都有可能發生。然而有些人卻常自以為是，與一些本來可以唾手可得的好事失之交臂，事後才後悔莫及。

小張、浩隆、秉儒三個人是大學同學，畢業後就一起租了一間房子。

有一天，做業務的小張一下班立刻匆匆趕回家，他需要拿一份資料，晚上應酬的時候要交給客戶。當他趕回家時，一掏口袋，發現沒帶鑰匙。他這下急了，因為眼看時間不多，這可是個大客戶啊！關係到上百萬的業績！他一邊看錶，一邊蹲在地上詛咒，但卻一點也沒辦法，他只好等著另兩人回來幫他開門。

二十分鐘後，浩隆興沖沖地回來了。原來，姑姑要為他介紹一個漂亮女孩，就在今天要與他見面。他是事先看過照片的，那女孩出落的可真漂亮，自己怎麼也得打扮的帥一點。但很快的，他也和小張一樣沮喪地蹲在門口，因為他的鑰匙放在辦公室桌上，也忘了帶回來了。

正當他們一籌莫展時，房門竟然奇蹟般地打開了，秉儒一臉睡意地站在那，奇怪地看著他們蹲在門口。原來秉儒今天感冒，跟公司請了假在家休息。

秉儒疑惑地看著他們說：「門又沒鎖，你們為什麼不推一下呢？」

結果，小張的客戶很生氣，認為不守時的人不值得信任；而當浩隆趕到咖啡廳時，只見女孩在桌上留下一張紙條：「讓女孩子等的男人讓我沒有安全感。」

小張和浩隆後悔死了：為什麼沒有試著推一下門呢？

門其實沒鎖，只要動手輕推一下，就可以進去。當小張發現自己沒有帶鑰匙時，他就傻傻地等在門口。在等待的二十分鐘裡，他居然沒有想到用手推一下門。當浩隆回來時，他受到小張的影響，也認為那扇門是鎖著的，所以也沒有動一下手。其實，鎖住他們的是自己，而不是那扇門。

我們常犯這種錯誤。我們總是用自以為是的錯誤意識，鎖定了自己能力的大門、否定自己，認定所做之事根本不可能成功，卻根本不去嘗試一下。

當遇到事情時，多試幾次並不會讓你有什麼損失，頂多只是不成功而已。但如果，你因為不敢嘗試，而失去成功的機會，那你一定會遺憾終生的。

29 生活不能承受誤會

一個獵人在山林裡撿到一隻小狼，他便把小狼抱回家，像養狗一樣養大。獵人非常喜歡小狼，夜裡就讓牠睡在自己的床邊。

有一天夜裡，獵人睡得正香，卻覺得被什麼東西咬了一下，他睜開眼，正看見小狼正撕扯著自己的袖子，他大吃一驚，心想真是本性難移呀！他迅速地掙出袖子，並從床邊抽出斧頭，把小狼砍死了。這時，他突然聞到一股焦味，衝到門口一看，他呆住了，原來是厨房著了火，小狼扯他的衣服，只是為了叫醒他……

誤會，往往是在人們不瞭解、缺乏理智、缺少耐心，不加思考又未能多體諒對方、反省自己，感情極為衝動的情況下發生的。

士博與佳蘋這對相愛的伴侶結婚了，他們過得非常幸福。愛屋及烏，婚後不久佳蘋就主動提出，要將住在鄉下的婆婆接來奉養，士博覺得非常感動。

士博是由婆婆一人拉拔大的，所以母子的感情非常好，當初士博北上工作還經過一番掙扎。佳蘋很體諒婆婆的艱辛與孤獨，所以希望自己與士博可以將婆婆接上來就近照顧。

剛開始她們相處的還不錯。可是，漸漸地由於各自的習慣不同，在生活上有了不和諧。婆婆一直生活在鄉下，有時很看不慣媳婦的一些行為，譬如沒事就買一大堆衣服，穿不了幾天就不穿了，婆婆覺得這根本就是浪費錢；而媳婦有時會覺得婆婆太節省了，捨不得用清潔劑，連碗都洗不乾淨。

而這些還只是細節方面的小衝突，他們之間還有一個不可協調的矛盾——士博早上起來做早餐。

在婚前，佳蘋就跟士博說明自己不會烹飪，婚後她可不可以不要下廚。士博當時也覺得沒關係，才兩個人就上館子解決就好了。更何況，是士博喜歡吃自己做的早點，所以總是早早起床，為自己與心愛的佳蘋準備早餐。

但在婆婆的觀念裡，一個大男人天天為老婆準備餐點，簡直是不像話。所以每次早餐桌上，婆婆總是陰沉著臉，而佳蘋也只能裝作看不見；有時，婆婆還會將筷子弄得叮噹亂響，這是她無聲的抗議。每每這時，佳蘋也只能對婆婆的抗議裝聾作啞。

慢慢地，婆媳之間完全沒有話好說，有的是更多的冷戰，家裡的氣氛尷尬極了。兒子成了夾心餅乾，妻子說婆婆不好，婆婆挑媳婦不是。終於，為了不讓兒子做早餐，婆婆義無反顧地擔當起做早餐的任務。

看著兒子吃得高興，婆婆就會用譴責的目光看著媳婦，認為她沒有盡到做妻子的責任。一賭氣，佳蘋便不吃婆婆做的早餐，早餐都是在上班的路上買些包子、麵包打發。

士博看著至親至愛的人關係這麼惡劣，心裡也不好受，但是他更生妻子的氣，認為佳蘋不應該跟老人家計較。

這天睡覺前，他對佳蘋說：「妳是不是嫌棄我媽做的飯，才不在家裡吃？」

佳蘋沒有說什麼。士博又說：「就當是為了我，妳就在家吃早餐吧！」

第二天，佳蘋只好勉為其難地坐上了餐桌前，喝著婆婆做的稀飯。結果突然一陣反胃，她想壓制從肚子裡往外湧的東西，但是並沒有成功，佳蘋情急之下，立刻扔下碗衝進廁所，吐得稀裡嘩啦。

當她吐完的時候，就聽到婆婆在外面罵人的聲音，而士博站在廁所門口，只是憤怒地看著她，也不關心佳蘋是不是真的不舒服。

婆婆越想越生氣、委屈，便起身決定回鄉下，她再也不要受媳婦的氣了。

士博急著出門去追，但兒子越追得緊，她就走得越快。就在穿越過馬路時，一輛卡車迎面撞了過來……婆婆倒在血泊中，再也沒有醒過來。

佳蘋有著無限委屈，最近她常感到身體不適，吃什麼都沒有胃口，且常反胃。於是她便到醫院去檢查，檢查報告出來——佳蘋懷孕了；而早上佳蘋的反應則是害喜的表現。

只是，因為這個小生命的到來，卻帶走了奶奶的性命。一個無情的誤會，擾亂了幸福的腳步；而這一次更是致命的誤會，葬送了婆婆，也葬送了他們的愛情……

這真是一個令人傷心的故事，一個誤會竟然毀了一個美滿的家庭。在誤會一開始的時候，人們常習慣指責對方，把關係弄得越來越僵。就像這個故事中的婆婆和媳婦一樣，她們為了一點小事就指責對方，互不諒解，當誤會累積到一定程度時，就像一座裝滿了火藥的倉庫，只要有一根導火線就可以把它點燃。而媳婦的害喜就成了導火線，事情終於弄到了不可收拾的地步。

是婆婆錯了，還是媳婦錯了？也許兩個都沒錯；畢竟每個人的生活方式和價值觀都不同。也或許她們都錯了，生活在同一個屋簷下，怎麼就不能互相體諒一下呢？

人是非常複雜的，我們又不是神，怎麼能猜得出對方心裡在想什麼呢？他無意你卻有心，如果，再加上不能及時溝通，人與人之間的誤會就這樣產生了。

所以，如果他人做了讓你生氣的事，請先不要忙著指責對方，靜下來想一想，自己是不是誤解了他的意思。如果可以的話，不妨平心靜氣地約對方聊一聊，你也許會發現事情並不是你想像的那個樣子。

誤會是一堵冰冷的牆，它隔開了彼此的感情交流；誤會是一顆不定時炸彈，難保什麼時候會把大家炸得人仰馬翻。一個小小的誤會也常會製造出嚴重的後果，所以人與人之間產生誤會時一定要趕快想辦法消除，不要等到無法挽回時再痛悔自責。

30 收起你的伶牙俐齒

森林大會上，獅子大王要大家說說人類最喜歡與最討厭的動物為何？

猴子立刻開玩笑地說：「人類最喜歡的當然是我，因為我最像人類。最討厭的當然就是……」牠拍了拍身邊的狐狸繼續說：「因為人類最恨狐狸精！」

所有動物聽了都哈哈大笑了起來，狐狸則是悶著一句話也沒說。

過沒多久，獅王生了一場大病，狐狸就獻計告訴大王說：吃猴心就可以痊癒。

可憐的猴子立刻被綁了起來。

猴子氣憤地問狐狸，無緣無故為什麼要害牠。狐狸冷冷地反問牠：「無緣無故你又為什麼要取笑我？」

俗話說：「良言一句三冬暖，惡語傷人六月寒。」語言是交流思想感情的工具，但也是引起各種禍端的因由。

學校寢室裡住著四個大女孩——小玲、彩鳳、莉蓉與小紅。

小紅是個鄉下小孩，性格比較內向，自尊心很強，所以總是跟其他三個室友顯得有些格格不入。

而莉蓉尤其討厭小紅，覺得小紅根本是個鄉下土包子；小紅也看莉蓉不順眼，小紅覺得莉蓉性格暴躁，態度傲慢，對旁人說話總是語帶譏諷。

後來，小紅不幸感染嚴重的流行性感冒，班上同學們紛紛主動關心她，同寢室的小玲與彩鳳，更是義不容辭的照顧她，並且好言安慰希望小紅能儘速痊癒。可是莉蓉卻把她看成病菌一樣，還揚言要把小紅攆出宿舍以免遭到傳染。這些話嚴重地傷害了小紅的自尊心，她對莉蓉的恨意更深了。

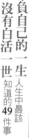

不久後發生的一件事，終將兩人的仇恨徹底引爆了。

那天中午，莉蓉回到了寢室，突然發現新買的洗面乳不見了。她連找都不找，立刻就開始罵小紅是不要臉的小偷，並蠻橫地要小紅下跪求饒，並將東西拿出來，不然就要告到學校訓導處。小玲跟彩鳳都勸莉蓉先找一找再說，並強調小紅雖窮，但卻不是手腳不乾淨的人。

莉蓉卻一臉傲慢地說：「我就是認定妳是小偷！告訴妳，只要妳在這寢室住一天，我就欺負妳一天，看妳能撐多久？」罵完後，莉蓉像沒事人一般地去休息了，而小紅則哭著跑了出去，那個下午也沒去上課。

那天夜裡，大家被一聲慘叫聲驚醒，打開燈一看，莉蓉捂著臉正滿床打滾，而小紅正站在她的床邊，手裡還有一瓶裝著不知名液體的瓶子。

原來被辱罵之後，小紅心境難平，竟然去找了一些硫酸，趁莉蓉睡著時潑到她的臉上。

小紅因此而被判刑，而莉蓉也被徹底毀容，永遠失去了姣好的容貌。而引發兩人衝突的洗面乳，最後在浴室的洗手台上找到了，是莉蓉自己用完後忘了帶走，事後又忘了放在那裡。只是，莉蓉可能再也用不著了。

小紅用極端的手段傷害同學，的確應該受到制裁，但如果莉蓉不口出惡言，她的結局也或許不會這麼慘。這個故事，說明惡語不僅傷人、傷心，更會引起禍端。所以那些習慣伶牙俐齒、語不饒人的人千萬要引以為戒，時時慎言，以免招惹是非。

古人說：「刀瘡易好，惡語難消。」人與人之間說話和藹、善解人意，是對他人的尊重，也是有教養的表現。而動不動就蠻橫無理、出言不遜，不僅傷了與他人之間的和氣，還容易埋下禍根。因此在人生的路上，要想生活得安寧愉快，就需要忍言慎語。忍言，不是不要說話，而是說該說的話，不該說的不說；慎語，就是要考慮好了再說，否則一言有失，即釀成大禍，造成讓你悔恨終身的結果。在人際交往中，災禍產生的原因主要是多開口，「病從口入，禍從口出」，說的就是這個意思。

語言可以換取尊榮，但也可以帶來禍患和恥辱。所以收起你的伶牙俐齒，學學忍言慎語。對你的敵人要言語小心，這是基於謹慎的原則；對於其他人要言語小心，這是為了尊重的緣故。一句話出口容易，卻沒有機會可以將它收回。

人生要講話的機會實在太多了，但要真正把話講得好，實在不多。「話多不如話少，話少不如話巧」，這句話說得很好，能在適當的時候說出一句好話是重要的，不僅能鼓勵別人，更能提升自己的形象。如果我們話說得太多、太滿則漏洞就愈多，這就是所謂的「言多必失」。

說出去的話，就像潑出去的水一樣，很難收回。所以，凡事還是少說為妙，不要因為多嘴而做出讓自己後悔的事。

Part 4 天上會掉下來的從來不是禮物

生活中，很多人內心深處都藏著一種不勞而獲的渴望，希望公益彩券中獎，希望撿到鉅款，希望獲得升遷機會……然而世界上是不會有這種平白無故就獲得的好處，也不會白白送你禮物。

如果哪一天，天上真掉下個禮物，那裡面或許還包著毒藥。所以無論你希望自己的人生是成功、還是幸福的，都要靠自己努力去爭取。

31 禮物的背後或許是陷阱

一條小魚在水裡自由自在地游著，忽然牠發現前面有一條肉蟲在水中扭來扭去。「多肥美的肉蟲啊！」小魚高興地想：「正好可以當午餐。」

牠剛想游過去吞掉肉蟲，一條大魚飛快地衝過來擋住了牠：「小傢伙，你不要命了嗎？那是人類為我們設的陷阱。把牠吞下去就會沒命的！要吃午餐還是自己去找吧。」說完牠就游走了。

小魚覺得不甘心，他心想：「送到嘴邊的美食怎麼能放過呢？再說也沒看到人類啊！一定是大魚在嚇我！」於是牠張大嘴，一口吞下了肉蟲。緊接著牠覺得肚子好痛，一股力量將牠拉出了水面。

「原來天下真的沒有免費的午餐啊！」在生命的最後一刻，牠悲哀地明白了這一點。

釣魚的人要下餌、騙子總是先誘人以小利；許多聰明人在見到有「好康」的時候，就忘了「天下沒有白吃的午餐」的道理，就不加思索地走進人家設好的圈套裡。

小布里跟著父親走在熱鬧的大街上。當他們經過一家服裝店，門口站著一個笑容可掬的圓臉男子。他一見到小布里父子倆，立刻向他父親伸出手來，一副興高采烈的樣子道：「先生您請進，歡迎您光臨本店！今天店裡正好有一套新西裝，配您的身材再好不過了！今天本店週年慶，您可要把握良機啊！」

小布里的父親微笑著說：「不，謝謝！」

他們繼續散步。小布里回頭看了看，那位能說善道的店員又纏上了另一個人。他親熱地攬著那人的手臂，邊向他介紹新套裝，邊拉著他進了店鋪。

「這對兄弟呀，」父親輕輕笑道：「他們靠裝聾賺的錢，已經買好幾間房子了。」

奇怪，裝聾也能發財？父親為小布里解開了疑團。

原來，兩兄弟中的弟弟把顧客哄騙進店裡，要顧客試試新裝是易如反掌的。這樣前前後後擺弄一陣後，顧客最後總會問：「這套衣服多少錢？」

這位弟弟店員會把手放在耳朵上問：「你說什麼？」

「這套衣服多少錢？」顧客高聲又問了一遍。

「噢，價格嗎？我問問老闆。對不起，我的耳朵不好。」

他轉過身去，向坐在後面的哥哥老闆大聲問道：「老闆，這套純羊毛套裝多少錢？」

老闆站了起來，看了顧客及衣服一眼，答道：「那套啊？七千二！」

「多少？」店員又問。

「七千二。」老闆大喊道。

店員回過身來，微笑著對顧客說：「先生，四千二。」

顧客自認為走運，便趕緊掏錢買下，溜之大吉。

這場騙局的妙處，就在於這對兄弟對顧客心裡的瞭解與顧客欲佔便宜的完美搭配、相映成趣。生活中這類的事情也屢見不鮮。

一分耕耘一分收穫，世界上沒有不勞而獲的事情。不要被突如其來的利益或好運給迷惑了，其實天上是不會自動掉下禮物的。

然而生活中的陷阱實在太多了；金錢、名譽、地位、美女、機遇……其實所有的陷阱都有一個共同特點：就是抓住人們愛貪便宜的心理，使人像中了魔似的不能脫身，毫不猶豫地掉進陷阱裡。掉進陷阱裡的人，全都是因為貪戀不該屬於自己的東西，被不屬於自己的東西所誘惑，結果總是得不償失。

有時候僅需要蠅頭小利，就可以讓一些「聰明人」變成傻子，生活在這樣一個充滿誘惑的時代，你需要保存一份對世事的清醒，面對誘惑多一些思索、多一份清醒，就不會被生活的陷阱欺騙、套牢了。

32

別讓機會從指縫中溜走

在某天晚上，某人見到了上帝。上帝告訴他，有大事要發生在他身上了，他有機會得到很多的財富，他將成為一個了不起的大人物，並在社會上獲得卓越的地位，而且會娶到一個漂亮的妻子。

這個人終其一生都在等待這個承諾的實現，可是到頭來什麼事也沒發生。這個人窮困潦倒地度過了他的一生，最後孤獨地死去。

當他上了天堂，他又看到了上帝。他氣憤地對上帝說：「你說過要給我財富、很高的社會地位和漂亮的妻子，可是我等了一輩子，卻什麼也沒有，你根本在欺騙我！」

上帝回答他：「我沒說過那種話，我只承諾過要給你機會得到財富、一個受人尊重的社會地位和一個漂亮的妻子，可是你卻讓這些機會從你身邊溜走了。」

這個人迷惑了，他說：「我不明白你的意思！」

上帝回答道：「你是否記得，你曾經有一次想到了一個很好的點子，可是你沒有行動，因為你怕失敗而不敢去嘗試？」

這個人點點頭。

上帝繼續說：「因為你沒有去行動，這個點子幾年後給了另外一個人，那個人一點也不害怕地去做了，你應該記得那個人，他就是後來變成全國最富有的那個人。此外，有一次發生大地震，大半的房子都毀了，好幾千人被困在倒塌的房子裡，你有機會去幫忙拯救那些存活的人。可是你害怕小偷會趁你不在家的時候，到你家裡去打劫、偷東西？」

這個人不好意思地點點頭。

上帝說：「那是你去拯救幾百個人的好機會，而那個機會可以使你得到莫大的尊敬和榮耀啊！」

上帝繼續說：「有一次你遇到一個漂亮的女子，當時你就被她強烈地吸引。你從來不曾這麼喜歡過一個女人，之後也沒有再碰到過像她這麼好的女人了。可是你當時想，她一定不可能會喜歡你，更不可能會答應跟你結婚。因為害怕被拒絕，你眼睜睜地看著她從身旁溜走了。」

這個人又點點頭，然後，他流下了眼淚。

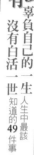

上帝最後說：「我的朋友啊！就是她！她本來應是你的妻子，你們會有好幾個漂亮的小孩；而且跟她在一起，你的人生將會有許許多多的樂趣。」

這個人無言以對，懊惱不已。

我們身邊每天都會圍繞著很多的機會，可是我們經常像故事裡的那個人一樣，總是因為害怕而停止了腳步，結果機會就這樣偷偷地溜走了。只有及時抓住機會的人，才能取得人生的成功；而在有準備的人眼中，抓住機會努力改變自己，更多的機會就會出現於眼中。

鄭雨紋和韓寧兩人終於從大學畢業了。兩人對於未來，有著滿腔熱血與抱負。她們製作了精美的履歷，開始了自己的求職旅程。

雨紋和韓寧兩人都採取相同的策略，買一大疊的信封、郵票，看著報紙的求職欄及網路人力銀行的求才資訊，一一寄上自己的履歷。只是，她們等來的是一次次的失望。

雨紋終於坐不住了，她決定改變戰術，主動出擊。

這次，她不寄履歷表了，穿著正式的套裝，她決定主動打電話預約面試的時間。只是，沒多久雨紋發現，這招似乎也成效不彰。

屢戰屢敗的雨紋，實在非常沮喪。她不知道問題到底出在哪裡？難道，如人所說：「畢業就是失業」？她想在職場上好好表現的希望，難道達不到嗎？翻看著手頭的面試通知書，心中好不淒涼。其中有一張通知單，是一家保養品公司寄來的，她突然靈光一現，雨紋似乎突然明白該怎麼做了。

她在百貨公司逛了一整天，她仔細觀察顧客購買保養品的習慣，並主動去問那些消費者，對於所買的保養品使用心得。她還小心翼翼地陪著笑臉，向專櫃小姐詢問有關保養品的事情，並將這些資料一一記錄下來。

兩天後的面試，雨紋有了萬全的準備，這次她的嘴裡吐出不少關於保養品市場的分析。

主持面試的是那家公司的副總，他聽完了雨紋的講述，率直地說：「鄭小姐，對不起！妳剛才講的部分，有很多是錯誤的……」

「不好意思，請您再給我一次機會吧！我一定會很認真學習的。」雨紋帶著期望的眼神看著面前的副總。

那位副總望著雨紋笑了笑繼續說道：「鄭小姐，妳聽我把話說完。儘管妳講的很多情況是錯的，但妳是所有應試者中，唯一肯花時間與心思，認真去瞭解我們產品的人。我相信妳是一個有心人，這樣吧，妳明天就來上班吧！」雨紋，終於憑著自己的努力，獲得了一份工作。幾年後，她更憑藉自己有準備的頭腦，把握住一次次的機遇，終於坐上了行銷經理的職務。

韓寧呢？她只是被動的等著求職公司的通知，並沒有很積極的去準備。最後，她只在一家便利商店擔任店員；而當初的理想與抱負，都只能付諸東風了。

機會只會給有準備的人，而我們往往因為害怕失敗而不敢嘗試，因為害怕被拒絕而不敢跟他人接觸，因為害怕被嘲笑而不敢跟他人溝通，因為害怕失落的痛苦而不敢對別人付出承諾。

能否把握機會，是決定人生能否成功、是否如意的關鍵；用一種積極進取的態度對待生活，我們的人生就會得到提升。機會不等人，千萬不要讓它從你指縫中溜走，否則你將會一事無成。

33 沒有一步登天的梯子

成功與我們的距離並不遙遠，只要你肯靜下心來做好手邊的事，不要想一下子就取得成功。路是一步步走出來的，想好現在該做什麼，然後努力地去完成，你就會離成功越來越近。

在畢業二十週年之際，我們發起了一場難得的同學會；這是一場闊別已久的同學會。地點就選在母校，並且是當年就讀的教室。主辦同學還特地邀請已經退休的班導師一起參與這場聚會。

老師已年近古稀，頭髮雖已全白，但精神奕奕。同學們按照當時的座位坐好，並安排老師坐在講台旁的位置，一如當年開班會般。同學們輪流上台說話，大家講話中都先感謝老師的栽培。老師聽了也不說話，只是微笑看著每個人。

直到每位同學都說完後，老師突然站起來說：「今天我來收作業了。有誰還記得畢業前的最後一堂課嗎？」

大夥面面相覷，露出了疑惑不解的表情。有個記憶力好的同學突然說：「老師指的是要我們跑操場二圈的事嗎？」大家這時才恍然大悟，開始七嘴八舌的討論著那次的跑步。

老師笑了笑，接著說：「當時我站在操場旁看著同學跑步的情況。現在，二十年後的今天，我就最後一堂課的內容來做個講評。全部跑完的有六人；有一人扭傷了腳；有一人因為跑得太快摔了跤；有十八個人跑了一圈後，覺得無趣便退到跑道旁聊天；其餘的可能嫌麻煩，連跑都沒有跑。」

大家驚訝於老師記得如此清楚，一下子彷彿看到了當年老師的風采，大家紛紛鼓掌。

掌聲落下，老師繼續說：「我就這最後一堂課，並結合七十餘年的人生體驗，送給各位幾句話：其一，成功只垂青有準備的人；其二，身邊的小香菇不撿的人，撿不到大靈芝；其三，跑得快，還需跑得穩。你們現在正值人生最巔峰的階段，不需要對我多說感謝的話，但請多想想我剛剛說的那些話。」

教室裡頓時鴉雀無聲。

人們常常抱怨命運的不公，常常感嘆世道的不平，並總是在幻想著成功之花在一夜之間綻放，然而天下哪有免費的午餐，要成功就得付出努力，即使如跑步這麼簡單的事。

成功也沒有別的捷徑，只能是腳踏實地，一環扣一環地前進，也就是人們經常說的「一步一腳印」。再精巧的木匠也造不出沒有根基的空中樓閣，任何偉大的事業也都是由無數具體的、微小的、平凡的工作累積而成的。不願意做平凡工作的人，很難成大事。世間沒有突然的成功，成功的訣竅就是腳踏實地、實實在在地做事。

34 成功始於夢想止於空想

很久以前，在一座深山裡有一間幾乎無人問津的寺廟。寺廟裡住著兩個和尚，其中一個很貧窮，總是吃的很簡單，有時甚至三餐不繼，看來彷彿一副弱不禁風的樣子；另一個和尚卻很富有，穿著絲綢的衣服，吃著上等的齋飯，大腹便便、臉上油光發亮。

有一天，窮和尚對富和尚說：「我打算去一趟南海，你覺得如何？」南海是個佛教勝地，很多和尚都希望在有生之年能去一次南海。

富和尚不敢相信自己的耳朵，認真地打量著窮和尚，突然大笑了起來。

窮和尚被他笑得莫名其妙，便問道：「怎麼了？你幹嘛笑？」

富和尚覺得不可思議：「我沒有聽錯吧！你想去南海？你憑什麼東西去南海啊？」

窮和尚說：「我想帶著一個水瓶、一個飯缽就夠了。」

這一次富和尚笑得更誇張了：「去南海來回好幾千里路，路上的艱難險阻這麼多，可不是鬧著玩的。我幾年前就在做準備要去南海了，等我準備好充足的糧食、醫藥、用具，再買上一條大船，找幾個水手和保鏢，就可以去南海了。你就憑著一個水瓶、一個飯缽怎麼可能到達南海？還是算了吧，你簡直是在做白日夢嘛！」窮和尚不再與富和尚爭執。

第二天，富和尚發現窮和尚不見了。原來，窮和尚一大早就帶著一個水瓶及飯缽悄悄地離開寺廟，步行前往南海了。

就如富和尚說的一樣，去南海的路非常遙遠也很艱辛；但是，窮和尚早就做好了心理準備。一路上，遇到有水的地方就盛上一瓶水，遇到有人家的地方就去化齋。有時，一連幾天都遇不上一戶人家，他就忍饑挨餓。途中，有些地方是懸崖峭壁，有些地方野獸成群，有時狂風暴雨，有時大雪紛飛。窮和尚一路上嚐盡了各種艱難困苦。很多次，他都被餓暈、凍僵、摔倒。但是，他一點也沒想到過放棄，始終向著南海走去。

一年過去了，窮和尚終於成功到達了日思夜想的南海。

又過了幾年，窮和尚從南海回來了，不僅帶著他慣用的水瓶、飯缽，還帶回了很多經書。也由於在南海學到了高深的佛法，窮和尚很快便成為一個德高望重的和尚。

而那個富和尚卻還在準備買大船，最終都沒能成行！

有了夢想就要積極地付諸於行動，否則夢想就會變成空想。

富和尚「常立志」，只是立在口頭上；窮和尚「立常志」，卻是踏踏實實地立在行動上。富和尚的條件比窮和尚好很多，但是當窮和尚已經實現自己願望的時候，富和尚卻還在空談。

雪文是一個幸福的女孩，她的父親是個成功的企業家，母親則是一名大學教授。命運似乎特別寵愛她，除了有很好的家世背景外，上天又給了她一副漂亮的臉蛋和甜美的嗓音。雪文最大的理想，就是成為一名節目主持人；她口齒伶俐、反應敏捷，既活潑又大方，她覺得自己天生就是吃這行飯的。她常對朋友說：「只要有人給我一次機會，我就一定會成功！」

但她為自己的夢想做了什麼努力？其實什麼也沒有。

她天天幻想著自己哪天逛街的時候，會幸運的被星探發現；要不然就是在某個場合，恰巧遇上一個「慧眼識英雄」的節目製作人。她每天都在不切實際地期待著。

然而，幸運之神似乎沒有眷顧她。她始終等不到一個巧合。因為誰會去請一個毫無經驗的人擔任節目主持人呢？而且，應該沒有一個電視台的主管，會成天跑到外面去搜羅天才。

佳佳的目標也是有朝一日擔任節目主持人。她知道，「成功只眷顧努力的人」，所以她絕不能在原地等候機會的到訪。

她在大學唸書時，便設法在電視台打工，再苦再累也不計較。她只希望從中多吸取經驗。

大學畢業那年，她終於贏得了主管的注意，並在電視台新人選秀中脫穎而出。雖然，一開始時佳佳只是個播報氣象預報、或綜藝節目的螢幕助理。但她又努力了兩年，終於獲得拔擢，成為了夢想已久的節目主持人。

夢想貴在身體力行，坐著空談、或只是癡癡的等，是什麼事也做不成的。雪文擁有良好的條件，但卻沒行動力來實現自己的夢想，那成功永遠不會來臨。

沉湎於夢想之中的人，總是希望有一天夢想能成真。但事實上，這些人永遠都不會實現夢想；原因很簡單，光想不做只是空想，只有行動才能讓夢想成真。

心動不如行動，如果你有一個美麗的夢想，那就趕快行動起來吧！勇敢地邁出第一步，你就是走向成功。

35 堅持到成功

一隻饑餓的公雞在雪地裡尋找食物，牠左刨刨、牠刨刨，可是冰天雪地裡什麼也沒有。就在這時，牠看見一隻松鼠正抱著一個玉米啃著。松鼠告訴牠，在前面的田地裡有一堆農民忘了收起的玉米，滋味香甜極了。

公雞謝過松鼠後，就趕緊向前跑去。牠跑了好遠還是沒有看到玉米。牠想，自己一定是被松鼠騙了！再往前走也找不到玉米，於是牠停下了腳步，把頭插到雪地裡休息。

當第二天太陽出來時，公雞已經餓死了。一陣風吹過，雪花飛起，就在離公雞不到十步的地方，一堆金黄的玉米靜靜地躺在那裡。

失敗者常常是這樣，開始的時候，憑著一股衝勁雄心萬丈，然而經過長途跋涉、精疲力盡，信心就開始動搖，對前途絕望，因此不能堅持到底，以致前功盡棄。

佛羅倫斯・查德威克成功橫渡英吉利海峽而聞名於世。兩年後，她打算從卡德林那島出發游向加利福尼亞海灘，再創一項新紀錄。

出發那天，海面濃霧瀰漫，海水冰冷刺骨。在游了漫長的十六個小時後，她的嘴唇已凍得發紫，全身筋疲力盡，而且一陣陣顫慄。她抬頭眺望遠方，只見眼前一片霧靄茫茫，而陸地彷彿離她還十分遙遠。她連伴隨著她的小艇，都看不清楚。

「現在還看不到海岸，看來這次無法游完全程了。」她這樣想著，身體立刻就癱軟下來，甚至連再划一下水的力氣都沒有了。

「把我拖上去吧！」她對著小艇上的人說著。

「咬咬牙，再堅持一下。只剩一英里遠了。」艇上的人鼓勵著她。

「別騙我。如果只剩一英里，我就應該能看到海岸了。我真的無法支撐了，快把我拖上去吧！」她懇求著。

於是，渾身瑟瑟發抖的查德威克被拖上了小艇。

小艇開足馬力向前駛去。就在她裹緊毛毯，喝一杯熱湯的時間，海岸線朦朧的從濃霧中顯現出來，她甚至都能隱隱約約地看到海灘上歡呼等待她的人群。這時她才知道，艇上的人並沒有騙她，她距成功確實只有一英里！她懊悔自己沒能咬牙再堅持一下。

一個人一旦確立了目標，不論它距離我們有多遠，都應該堅持到最後；強者是堅持到最後的人。

巴爾扎克說：「苦難對於一個天才是一塊墊腳石，對於能幹的人是一筆財富，而對於庸人卻是一個萬丈深淵。」

堅強剛毅的性格和堅持到底的韌勁，是區別強者與弱者的必要條件。

在厄運面前不屈從，在困難面前不低頭，這是英雄的表現。在生活的挫折和打擊面前，垂頭喪氣、自暴自棄、喪失繼續前進的勇氣和信心，則是懦夫的行為。

凡事貴在堅持。就像減肥一樣，你可能要忍受少吃美食的痛苦，可能要忍受多運動的勞累，還可能要忍受一時半刻間沒有效果，而必須承受的失望煎熬。但只要你認真地堅持下去，終有一天會發現——你瘦了！

可是有些人卻急於求成，在堅持了一段時日後，發現效果並不明顯，便在即將大功告成之前宣告放棄，開始大吃大喝，運動衣褲更是束之高閣。這種一曝十寒的做法，不要說減肥，無論是做任何事，都不會有成功的一天。

人往往都能在做事初期充滿了奮鬥的熱情，保持旺盛的鬥志。在這個階段，普通人與傑出的人是沒有多少差別的。

然而往往到最後那一刻，頑強者與懈怠者便顯示出了不同。前者咬牙堅持到勝利，後者則喪失信心放棄了努力，於是便得到了不同的結局。

哥倫布在他每天的航海日誌上，最後一句總是寫著：「我們繼續前進！」這句話看似平凡，實則包含無比的信心和毅力。就憑著這一股勇往直前的精神，他們向著茫茫不可知的前途挺進，橫跨驚濤駭浪，歷經蠻荒野地，克服了無限的艱難險阻，終於發現了新大陸，完成了歷史上驚人的壯舉。

許多失敗者的悲劇，就在於被前進道路上的迷霧遮住了眼睛，他們不懂得忍耐一下，不懂得再跨前一步就會豁然開朗，結果在勝利到來之前的那一刻，自己打敗了自己，因而也就失去了應有的榮耀。

「行百里者半九十」，最後那一段路往往是最難走的，在我們筋疲力竭的情況下，即使一個小小的變故都可能把我們擊倒，所以意志就顯得格外重要。再堅持一下！因為勝利就來自於「再堅持一下」的努力中。

36

機遇可以自己創造

一個年輕人靠在一棵樹下，懶洋洋地曬著太陽。

這時，有一隻奇怪的小動物跑來他的身邊。小動物全身發著五顏六色的光，奇特的是它有六條腿，像船槳一樣向前划著，這使得它的行走變得十分快速。

「喂！你在做什麼？」那小動物問著年輕人。

「我在這兒等待機遇。」年輕人回答。

「等待機遇？哈哈！機遇是什麼樣子，你知道嗎？」小動物問。

「不知道。不過，聽說機遇是個很神奇的東西，它只要來到你身邊，那麼，你就會走運。可能會當官，也或者可以發財，又或者娶個漂亮老婆，或者……反正，棒極了。」

「你連機遇什麼樣子都不知道，還要等什麼呢？還是跟著我走吧，讓我帶著你去做幾件對你有益的事吧！」那小動物說著就要來拉他。

「去去去！少來搗亂，我才不跟你走呢！」年輕人不耐煩地攆那小動物走。那小動物又規勸了那年輕人一會，但他就是不為所動，一心想等待機遇上門，小動物只好離去。

沒多久，一位長髯老人來到年輕人面前問道：「你為什麼不跟它走啊？」

「幹嘛跟它走呢？它是什麼東西？」年輕人問。

「它就是機遇呀！」

「天啊！我居然把機遇給攆走了！」年輕人後悔不已，急忙站起身來，想要去將機遇追回來。

「別追了，」長鬚老人說：「我告訴你關於機遇的祕密吧！它是一個不可捉摸的傢伙。你專心等待它的時候，它可能遲遲不來；當你不留心時，它可能就來到你面前；見不到它時，你時時想著它；見到了它，你卻又認不出它；如果當它從你面前走過時，你抓不住它，那麼它將永不回頭，使你永遠錯過了它！」

「那我這一輩子不就再沒有機遇了嗎？」年輕人哭著說。

「那也未必，」長鬚老人說：「其實，機遇不止一個。」

「不止一個？」年輕人驚奇地問。

「對。這一個失去了，還會有下一個出現。不過，這些機遇，很多不是自然來的，而是人自己去創造的。」

年輕人疑惑地看著老人。

「剛才的那一個機遇，就是我為你創造的一個。可惜你把它放走了。」老人說。

「太好了，那麼，請您再為我創造一些機遇吧！」年輕人說。

「不。以後的機遇，只有靠你自己創造了。」

「可是，我不會創造機遇呀。」年輕人沮喪地說。

「現在我教你。首先，要站起來，不要永遠地空等。放開大步向前走，見到你能夠做的有益的事就去做。那時，你就學會了創造機遇。」

人不僅要能把握機遇，還要能千方百計地創造機遇。

很多人認為：機遇可遇而不可求。所以很多人就把他們寶貴的時間用在等候機遇上。其實，如果你有過人的勇氣、睿智的頭腦、勤勞的雙手，那麼你也可以創造機遇。

英國查爾斯王子和黛安娜要舉行一場耗資上億、轟動全世界的婚禮。

消息一傳開，英國許多廠商、公司都絞盡腦汁想藉此良機大發一筆財富。有的在糖盒上印上王子和王妃的照片；有的在各式服裝上染印上王子和王妃結婚時的圖案，一副童話故事裡幸福美滿結局的樣子。

其中，有一位生產望遠鏡的老闆心想：「人們最需要的東西，就是最賺錢的產品。但什麼才是人們最需要的呢？」

到了典禮那天，成千上萬的人擠向廣場，但由於距離太遠，根本看不清王妃美麗的容顏、和典禮的盛況。許多人急得不得了，卻又莫可奈何。

就在這時，販賣望遠鏡的人出現在人群中。他們高聲喊道：「賣望遠鏡！用望眼鏡看婚禮典禮的盛況，會讓你不錯過任何精采！」頃刻間，幾千組望遠鏡就被搶購一空。

在人生道路上，機遇有時不請自來，有時卻偏要你自己去求取、用心去創造。

在上述的故事裡，許多公司只利用這場婚禮做文章，他們只懂得抓住機會，卻不懂得創造機遇。

在這場婚禮中，將有超過一半的人，由於距離遠而無法看到整個典禮盛況。這些人在這時，最需要的不是購買一枚紀念胸章、或是買一盒印有王子和王妃照片的糖；一副望遠鏡，能使他看清楚整個婚禮典禮的盛況。經營望遠鏡的老闆，貼近顧客的需要，為自己創造出難得的機遇。

機遇絕非上蒼的恩賜，優秀的人不會坐等機遇的到來，而是主動創造機遇。一個成功的人，絕不是一個逍遙自在的觀光客，而是一個積極投入的參與者、善於創造機遇、並張開雙臂擁抱機遇的人，也是最有希望與成功為伍的人。

37

一分耕耘一分收穫

有一個勤勞的老農夫在臨終時，希望他懶惰的兒子們能夠像他一樣，辛勤地耕種田地。於是，他要兒子們來到他的床邊說：「孩子們，在我的葡萄園裡，有一個地方藏著一堆財寶。」說完就死了。

他的兒子們立刻拿了鐵鏟、圓鍬等，挖遍了整個葡萄園，可是並沒有找到什麼財寶。不過葡萄樹因為翻土而生長得很茂盛，有了很好的收穫。

天下沒有不勞而獲的事，只有勤奮耕耘才有好收穫。這位老農夫留給他懶惰兒子們的一段話，真勝過千萬遺產。哪個人的成功不是因為辛勤耕耘？雖然辛勤耕耘不一定會有好收穫，但不耕耘一定毫無收穫。成功者出於勤奮，一個人若想有所作為，就必須具備一個特點，那就是勤勞。世上沒有不付出就得到的好事，成功者之所以會成功，也不過是因為他們掌握了勤奮的法寶。

羅華庚是近代著名的數學家、教育家。他出身於一個貧苦家庭，學歷也不高，更在年輕的時候因病導致身體殘疾。但他不畏艱難，勤奮自學，終於苦學而成，走進了金碧輝煌的數學殿堂。

「天才在於累積，聰明在於勤奮」，這是華羅庚教授最喜歡的一句格言。他雖然聰明過人，但從不提及自己的天分，而把比聰明重要得多的「勤奮」與「累積」作為成功的鑰匙，並反覆教育自己的學生。而華羅庚教授的經歷，就是「勤奮出天才」的最佳範例。

輝煌來自於耕耘，有一分辛勤地勞動，就有一份收穫，日積月累，從少到多，奇蹟就可以創造出來。

人並非生下來就是天才。所有的成功都是努力的結果，天才也需要後天的磨練。生命不排斥努力，它需要辛勤的汗水來澆灌，只要勤奮就可以換來累累碩果。

縱覽古今中外的成功人士，其成功的足跡無不灑滿勤勞的汗水。我們每個人總能吟誦幾句勤奮格言，也能述說幾個偉人的艱辛故事，並為之感動和讚嘆。但你一定會說我不是偉人，只能望而興嘆。如果你無法以此激勵自己，那你永遠無法達到成功。

胡適先生說過：「用血汗苦功到了九十九分時，也許有一分的靈巧新花樣出來，那就是創作了。頹廢慵懶的人，癡等『靈感』而來，是終無所成的。」可見，勤奮雖不是絕對成功的法寶，但也是走向成功最平實的大路。

「一勤天下無難事」，只要你肯付出辛苦的努力，只要你願意不斷刻苦學習，成功的大門就會向你敞開。

38 滴自己的汗，吃自己的飯

一隻城市老鼠和一隻鄉下老鼠相遇了，城市老鼠熱情地邀請鄉下老鼠到自己家裡做客，並不斷地誇耀自己的生活有多美好。只見餐桌上擺滿了蛋糕、香腸、美酒，牠們正在大吃大喝，突然從窗口跳進來一隻貓，兩隻老鼠沒命地跑，好不容易跑回了洞穴裡。

驚魂未定的鄉下老鼠問道：「兄弟，你每天都過這種日子嗎？吃的雖然不錯，但小心哪天命都沒了！雖然我在鄉下吃的沒有你好，大米、黃豆都必須自己從田地裡撿回來，日子是辛苦點，但至少心安理得，這種日子你自己過吧！」說完鄉下老鼠便走了。

幾天後，那家主人買了兩隻厲害的貓，城裡老鼠被困在洞裡活活餓死了。

一個不能自立、處處依賴他人的人是可憐的；一個貪圖安樂，不懂得勤奮進取的人是可悲的；我們不能把命運完全託付給他人，依賴他人活著。

富蘭克林，是美國在政治、科學方面的巨人，並且也是個很活躍的偉人。他就是在苦難的磨練中，從安樂、依賴別人，走向獨立自主而獲得成功的典範。

起初，他在哥哥經營的報館當一名印刷工。但是他常常因與哥哥意見不合而爭吵，有時還大打出手，最後兩人不歡而散。

離開哥哥報社的富蘭克林，想要憑自己的能力自立，於是離鄉背井到費城去尋找機會。當時的富蘭克林只有十七歲。

在費城，富蘭克林成為一個普通的印刷工人，繼續每天的生活。因為他是新來的，所以有很多的苦力要他去做；工作繁忙之際，思鄉之愁也常常湧上心頭。

但是富蘭克林漠視這一切，他開始有一些新的想法，產生一套新的人生哲學來。他突然體認到，哥哥對他的嚴格，或許是為了激勵他，促使他儘速獨立吧！

其實富蘭克林的哥哥，為了避免人家說他偏袒富蘭克林，所以對他的要求，反而比別的人更加苛刻。富蘭克林終於漸漸體認到這一點。之後，他又輾轉到了倫敦，學習英國最新的印刷技術。

自立使富蘭克林有了很大的成長和發展。從此他凡事靠自己，去掉了依賴性，富蘭克林變得更自信、更成熟了。

生活中，我們也應該去掉依賴性，懂得凡事靠自己。因為依賴性強的人往往沒有主見、缺乏自信，所以永遠只能居於從屬地位。一個人如果遇到事情，總想依賴旁人，這種人可能連一些基本生活問題都不能解決。一個凡事依賴別人、不願自己動手去做的人是危險的，因為再強大的依靠也有消失的一天，所以一個人最可靠的靠山其實是自己。

現在的孩子父母大多總是溺愛不已，孩子也因此養成了依賴性，食衣住行全靠父母打理，上了大學，可能連衣服都不會洗。就算是畢業找工作，也是父母拜託人，四處找關係。真不敢想像，如果有一天父母離去，這樣的孩子會怎麼樣。

其實，人的獨立性是可以培養的，這一點我們或許該向鳥類學習。

小鳥的翅膀剛剛長成，剛學會飛行的時候，就被牠們的父母趕出了「家門」。當小鳥眷戀溫暖的窩巢，不願離去時，鳥父母不顧親情，硬是把小鳥逐走才肯罷休。

其實小鳥初生時，鳥爸爸、鳥媽媽也如獲至寶，輪流守護、輪流覓食，愛子之情與人類並無差別。然而當小鳥羽翼漸豐時，父母們卻「狠心」地將牠們趕出家門。這在人類看來似乎有點不近情理，但正是這種「不近情理」，促使小鳥們必須儘速掌握生存的本領，使牠們在「物競天擇」的環境中擁有自己的「一席之地」。培養小鳥們的獨立性，使它們離開父母的羽翼也能夠生存，這才是鳥爸爸、鳥媽媽對孩子一種智慧的愛。

人在任何時候都不能依賴別人，不管是父母、朋友抑或是愛人，把命運交在別人手裡是一種愚蠢。每個人都有自己的人生，別人的幫助畢竟是有限的、一時的，只有透過自身的努力，才能走出屬於自己的一路風景。

鄭板橋曾這樣鼓勵過自己的兒子：滴自己的汗，吃自己的飯。人只有擺脫了依賴性，才能走出一條屬於自己的路，不把命運託付他人之手，既是一種自信，也是一種成熟。

39 獨一無二的自己

一隻兔子與蜈蚣在森林相遇。兔子用懷疑的眼睛打量著蜈蚣，然後對牠說：「我用四隻腳走路有時都會絆到腳，你用一百隻腳走路，腳都不會打結嗎？」

蜈蚣從來沒有想過這個問題，但在聽過兔子的問題後，他失眠了。

他一直在想：「對，我怎麼能夠用一百隻腳走路呢？如果我像兔子一樣，只用其中四隻腳走路，是不是會走得像兔子一樣快呢？」第二天早上醒來，蜈蚣就不會走路了。

你是不是有時候會質疑自己在做什麼？許多人難免有「現在的自己不像真正的自己」或「不知道自己到底最想做什麼」的情形。在這種狀態下，不管做什麼都得不到充實感，只感覺疲倦不已。

生命對於每一個人來說，都只有一次。珍惜生命，首先就要尊重自己的生活方式。只有這樣，人生的負重和疲憊，才會在自己充滿樂趣的生活方式中，得到減輕和復原。

人來到這個世界，就是一種幸運。不管是遍地荊棘，還是到處是花，我們都同樣地來到這個世界；同呼吸、同看日出日落。大人物有大人物的追求，小人物有小人物的嚮往。而不管你是一個什麼樣的人，都不要懷疑自我存在的價值。

有一個女孩，她生來就有六根手指，兩隻手都是，為了這雙畸形的手，從小到大她吃了不少苦頭。

上了大學後，她喜歡班上一個男孩。那個男孩是籃球校隊，又高又帥、成績又好，學校裡許多女生都暗戀著他。

畢業前夕，女孩想對那個男孩表白。她把這件事告訴了她的好朋友，她的好朋友吃驚地看著她：「天啊！我知道他對妳不錯，有幾次還特別跟別人誇過妳。可是，妳確定他對妳有那個意思嗎？妳的手……你們真的不太相配！」好朋友的話擊垮了女孩的信心；沒多久，女孩就到南部小鎮去當老師，遠遠離開這個傷心地。

有一天，她正在上課時，一個小女孩突然哭了起來。

「怎麼了？」她溫柔地問那個小女孩。

女孩哭泣地伸出手說：「為什麼我不能跟妳一樣？我也想要老師那樣特別的手！」

小女孩的話讓她呆住了！她第一次想到原來自己也被別人羨慕著，原來自己也有存在價值。真不明白，以前自己為什麼會否定自我呢？

她立刻撥通了男孩的手機，將自己的心意明明白白地告訴他，電話那頭的男孩沉默了幾秒鐘，然後大聲說：「請等我！我處理完這邊的事，就馬上去找妳！」

其實，上帝造人時並不公平：有人俊俏，有人奇醜無比；有人健康強壯，有人百病纏身；有的人出生時四肢健全，有的人卻缺手斷臂。但無論如何，人活在世上總要生活。問題是你是否熱愛生活，能否認清自我的真正價值。如果缺乏對自我的肯定，會導致個人對現存社會價值觀念產生懷疑和不滿，讓自己迷失在怨懟與埋怨中。

很多人到老時，會反省過去的一生，問問自己這一生是否活得有意義、有價值？是否已達到自己夢想的目標。如果認為自己擁有獨特、並且有價值的一生，便會覺得一生完美無缺、死而無憾，而且由經驗中產生超然卓越的睿智，更能無懼地面對死亡。相反的，如果否定自己一生的價值，便會對以往的失敗感到悔恨，餘生將會充滿悲觀和絕望。

因此，不要懷疑自己，更不要否定自己！因為，無論如何，世界上只有一個你，你是獨一無二的。

40 創造獨特的思想

河裡到處都是活蹦亂跳的魚，狗熊家族聚集在河邊大飽口福。

「要是冬天也能有這麼好吃的魚就好了，」一隻年輕的狗熊想：「可惜好日子總是不長久！」突然牠想到了一個辦法，就是把鮮魚做成魚乾，這樣就可以保存起來了。於是這隻年輕狗熊每天都在忙著做魚乾。其他的熊都覺得牠的做法很奇怪，幾隻年老的熊甚至試圖勸阻牠的工作，但沒有成功。

冬天沒多久就到了，其他狗熊想在冬天前將肚子填飽，可是食物太少了，牠們只好餓著肚子縮在洞裡；只有那隻年輕的狗熊過了一個又飽又暖的冬天。

一個渴望成功的人，應當具有一種見別人之未見、行別人之未行的精神。成功離不開別具一格的創意，離不開獨闢蹊徑的能力，思路獨特，你才能早日成功；如果只懂得隨波逐流，那你注定要落在人後。

法國著名美容品製造商伊夫•洛列靠經營花卉起家，從一九六〇年開始生產美容化妝品，到如今他在全世界的分店已超過千家，他的產品在世界各地深受人們的喜愛。

伊夫•洛列原先對花卉抱有極大的興趣，經營著一家自己的花店，一個偶然的機會，他從一位醫生那裡得到了一種專治痔瘡的特效藥膏祕方。他對這個祕方產生了濃厚的興趣。他心想：「能不能使花卉的香味深入藥膏，使之成為芬芳撲鼻的香脂呢？」說做就做，憑著濃厚的興趣和對於花卉的充分瞭解，沒多久，伊夫•洛列果然研製出一種香味獨特的植物香脂。於是，他便帶著新產品，挨家挨戶地推銷，幾百瓶的產品居然銷售一空，這使得他十分興奮。

伊夫・洛列利用花卉和植物來製造化妝品。他認為，利用花卉原有的香味，能給人自然清新的感覺，而且原材料來源廣泛，所能變換的香味種類也非常多樣，前途一定大好。

他開始遊說美容品製造商實施他的計劃。但在當時，人們對於利用植物來製造化妝品是抱否定態度的。幾乎每個製造商都沒有聽完伊夫・洛列的建議便搖搖頭，對他下逐客令。

但是伊夫・洛列堅信自己的構想沒錯。於是，他自己向銀行貸款，決心建立自己的生產工廠。

沒多久，洛列的第一批花卉美容面霜研製出來了，一開始僅小批量的生產，沒想到在市面上引起了轟動，在極短的時間內，就順利賣出了近百萬瓶的美容面霜，這對於洛列來說，不啻是個巨大的鼓舞。

伊夫・洛列不僅創新利用花卉來製造美容品，他更利用郵購的方式推銷產品，將自己的事業推向高峰。

伊夫・洛列成功推出美容產品後，曾在報刊上刊登過廣告，不過效果不太好，不僅金錢花費較大，而且反應也並不理想。有一天，他突發奇想：「如果在廣告上，搭配優惠的郵購單，或許會有意想不到的效果。」

於是，他在某本發行量非常大的雜誌上刊登一則廣告，上面除了介紹公司新產品，還附上優惠單；上面載明：如果利用此優惠單購買產品，將會有優惠價格。

結果，有大量的郵購單寄回。伊夫・洛列成功的開創另一項銷售方式。沒多久，伊夫・洛列擴建了他的工廠，並且在巴黎設置一個專賣店，開始大量的生產和銷售化妝品。

做任何事情絕不能一成不變，因循守舊、墨守成規只會導致事業的失敗。如果只是依循前人腳步，永遠跟隨在別人背後慢慢地前進，是絕不可能闖出一片屬於自己的天地的。

生活中，有的人有主見、有個性，思路新穎，絕不盲從別人，這種人往往比較容易獲得成功，獨到的眼光、見解，就是他們成功的祕訣。不墨守成規、有獨特的思路，這不僅是做事成功的保證，也是我們做人處世不可缺少的精神。

41 富貴險中求

雪山上有一種皮毛純白的狐狸，這種狐狸從來不在平緩的地方行動，牠們總是在懸崖峭壁邊出沒。其他的動物問牠們說：「為什麼要選在懸崖邊生活啊！這太危險了。」白狐說：「你們懂什麼？最危險的地方就是最安全的地方！」

因為白狐的皮毛十分珍貴，所以有一個獵人，專門以獵白狐為生。有一次獵人的妻子發現丈夫在峭壁邊挖陷阱，嚇得大叫：「快下來呀！太危險了。」獵人瞪了妻子一眼：「想發財還不願冒險，這世上哪有這麼便宜的事？」

人們做事時，總是希望能夠平平穩穩地獲得成功。但，一味追求平穩，反而錯過了很多機會。其實人有時候是需要一點冒險精神的，畏畏縮縮地跟在人後，雖然安全卻很難有成就。

「獨木橋」可能有危險，但卻可能會讓你迅速走向成功。

阿福自小家庭環境就不是很好，所以他很小就出來工作。後來，他開始販賣肥皂；他賣肥皂，一賣就是十二年。後來供應他肥皂的那家公司，想要結束營業。阿福決定要買下這家公司。對方要求要五百萬元，他便將經營肥皂十二年來，一點一滴所存的二百萬元作為保證金，並且表示在十天內，會付清剩下的三百萬元；如果他不能在時限內籌齊這筆款項，將會喪失預付的保證金。

阿福開始向旁人借款。因為他之前做人成功，獲得了許多人的尊敬和讚賞，所以許多人都願意出錢資助他。

到了第九天，他已經湊到了二百八十萬元。只是，剩下的這二十萬元在哪？

阿福走在大馬路上，有點茫然不知所措。他知道今天將是最後一天，他如果再沒有湊到二十萬元，他不僅會失去擁有一個自有公司的夢想，連先前努力儲蓄的二百萬也將化為烏有。

這時，他突然想起一位遠房的有錢親戚，但阿福實在不想去求他。打從阿福小時候起，那位親戚就不喜歡阿福，總是認為阿福是個不爭氣的人。但，事到如今，阿福也只能硬著頭皮去拜託這位遠房親戚。

當他見到那位親戚時，客套話也不說，他直接告訴親戚自己的收購行動，並詳細說明自己未來的發展計劃。他並且告訴親戚，希望他能給自己一個機會，證明自己不是個不爭氣的人。

親戚仔細的評估著，他問阿福：「還差多少？」

「二十萬。」阿福小心翼翼地回答。

親戚想了想，便馬上開了張即期支票給阿福。

阿福成功了，這歸功於他勇於冒險，踏上「獨木橋」的勇氣。假如他沒有勇氣借錢購買那間公司，假如他沒有勇氣去向一直不喜歡他的親戚求助，那他也許永遠都沒有成功的機會。

少偉在三十歲時，已是一家國際公司的主管。他的業績好，公司又穩定成長，他的工作可以說是非常安定的。然而少偉卻不安於此。他需要一個更充實的人生，他要在年輕時，累積更多的經驗。

透過一個朋友，少偉即將到一家公司擔任業務經理。這家公司的規模，遠比原本的國際公司要小許多。

一個三十歲，且又有家眷的人，要拋棄大公司的安定，而跳入將來未可知的小公司，很難說是明智的選擇，何況薪水又沒有比較多。

經過一番冷靜分析，少偉毅然決定放棄既有的成就，走進求知的將來。往後數年，是一連串的緊張工作與新的考驗。少偉在新的工作裡，不斷累積自己的人脈與能量。

機會，是給努力上進的人。

有一天，一個老客戶看少偉年輕有為，又非常努力奮鬥，決定與他合資開一間新公司。並且一切交由少偉全權負責。

這真是一個天大的好機會。少偉的辛苦，終於在此時獲得甜美的果實。

人生有許多岔路口，當你駐足於兩條路前時，你會做出怎樣的選擇？一條是平坦的「陽關道」，舒適而沒有危險，但卻不能給你帶來新奇的享受。而另一條是人跡罕至的「獨木橋」，你不知道前方是什麼，但肯定是你不曾體驗的。此情此景，你將邁向何方？

大多數人，應該都會選擇一條坦途。但請記住：「富貴險中求」！上述故事的主角：阿福和少偉，就是因為冒險走上「獨木橋」才獲得了成功。

當然，也有很多人在冒險中失敗了。但，成功和失敗本就是一線之隔，沒有什麼可值得大驚小怪的。勇敢的人，是學習別人冒險成功的經驗，大膽地冒險，結果取得了輝煌的成功；怯懦的人，則因為看到他人的失敗，所以不敢跨開大步，最後，終於走向失敗。

在人生道路上，如果你想獲得成功，就必須有斷然前行的勇氣、敢於冒險的精神，比起那些只會隨波逐流、唯唯諾諾的人，敢於冒險的人，獲得成功的機率要高得多。

Part 5 不應該小看任何人

有些人你看到了他的今天，但卻無法預料他的明天；有些人看起來不起眼，但卻可能是深藏不露的高人；有些人只是沒權沒勢的小人物，但有時卻能起關鍵性的作用……所以不要小看任何人，每個人都有他的獨特之處、聰明之處。

小看別人，說不定什麼時候你就會吃大虧。如果你能夠做到待人謙和、敬人如師，那你的人生路上就會少幾分阻力，多幾分順暢。

42 不能小看小人物

一隻灰熊成了馬戲團裡的明星，牠戴著花邊帽，穿著美麗的裙子，看到牠指揮那些猴子、狗和花豹鑽過火圈時，觀眾忍不住大聲拍手叫好。灰熊越來越得意了，牠覺得自己不應該和那些低等動物住在一起，牠的傲慢惹怒了小動物們！

猴子對灰熊說：「想一想，是誰讓你成為明星的，是我們！」但灰熊卻仍未醒悟。第二天表演的時候，灰熊發現小動物們都不再聽牠指揮了，牠因此被馴獸師揍了一頓。

能幫助你的人，未必是地位尊崇、高高在上的人，《紅樓夢》中，賈芸不就是靠借潑皮倪二的銀子，才買了香料去討好璉二奶奶的嗎？生活中也是這樣，我們有多少機會能接觸到那些達官顯貴呢？很多時候，能幫你的人往往是一些不起眼的小人物，所以千萬不要瞧不起小人物。

一個年輕人大學畢業後進入了一間律師事務所，成為那裡最年輕的一名律師。但很快他就發現自己的處境很不妙——他可以背誦全部法律條文，但卻沒有實際經驗，也不知道怎樣和當事人溝通，在這裡每個人都忙著自己的事，沒人願意幫助他、指導他……

有一天接近深夜的時候，他還在一個人加班，突然大嗓門的保全人員沒敲門就闖了進來：「你怎麼還不走啊！快點快點，巡完樓層我還想睡覺呢！」

年輕的律師很生氣：「我在加班，你沒看到嗎？你以為我喜歡這樣加班嗎？」他越說越激動，竟然把自己的煩心事全說了出來，保全人員看了他一眼，沒說什麼就出去了。

過了幾天，年輕律師上班搭乘電梯時遇到了經理，而那個保全人員也在電梯裡。保全人員看了他一眼，突然轉過臉，無所顧忌地對經理說：「怎麼搞的，我怎麼總碰見這個小夥子在深夜加班呀！你幹嘛不找個熟手帶帶他，讓他自己瞎琢磨有什麼用啊！」

年輕的律師簡直嚇呆了，他驚慌地朝經理看去，經理也正看著他。

「讓我想想！」經理自言自語地說了一句。

第二天，經理讓他去給一個資深律師當助手，並勉勵他好好做。兩年後，他已經可以獨當一面了。

他由衷地感謝那個大嗓門保全人員，是他幫了自己一個大忙。

保全人員只是一個小人物，但他卻能仗義執言，幫年輕的律師擺脫了困境，可見一些不起眼的小人物在關鍵時刻也能起重要作用。

傑克．倫敦的童年，貧窮而不幸。十四歲那年，他借錢買了一條小船，開始偷捕牡蠣。可是，不久之後就被水上巡邏隊抓住，被罰去做勞工。傑克．倫敦找機會逃了出來，從此便走上了流浪水手的道路。

兩年以後，傑克・倫敦隨著姐夫一起來到阿拉斯加，加入淘金者的隊伍。在淘金者中，他結識了不少朋友。他這些朋友中三教九流什麼人都有，而大多數是美國的勞苦人民，雖然生活困苦，但是在他們的言行舉止中，卻充滿了生存的活力。

傑克・倫敦的朋友中有一位叫坎里南，他來自芝加哥，他的辛酸歷史可以寫成一部厚厚的書。傑克・倫敦聽他的故事經常潸然淚下，而這更加堅定了傑克・倫敦心中的一個目標——寫作，寫淘金者的生活。

在坎里南的幫助下，傑克・倫敦利用休息的時間看書、學習。一八九九年傑克・倫敦寫出了處女作《給獵人》，接著又出版了小說集《狼之子》。這些作品都是以淘金工人的辛酸生活為主題的，因此，贏得了廣大中下階層人士的喜愛。

傑克・倫敦漸漸走上了成功的道路，他著作的暢銷也給他帶來了巨額的財富。剛開始的時候，傑克・倫敦並沒有忘記與他同甘苦共患難的淘金工人們，正是他們的生活給了他靈感與素材。他經常去看望他的窮朋友們，一起聊天，一起喝酒，回憶以往的歲月。

但是後來，傑克・倫敦的錢越來越多，他對於錢也越來越看重。他甚至公開聲明他只是為了錢才寫作。他開始過起豪華奢侈的生活，而且大肆地揮霍。與此同時，他也漸漸地忘記了那些窮朋友們。

有一次，坎里南來芝加哥看望傑克・倫敦，可是傑克・倫敦只是忙於應酬各式各樣的聚會、酒宴和修建他的別墅，對坎里南不理不睬，一個星期中坎里南只匆匆見了他兩面。

坎里南頭也不回地走了。同時，傑克・倫敦的淘金朋友們也永遠地從他的身邊離開了。

離開了生活，離開了寫作的泉源，傑克・倫敦的思維日漸枯竭，他再也寫不出一部像樣的著作了。於是，一九一六年處於精神和金錢危機中的傑克・倫敦，在自己的寓所裡用一把左輪手槍結束了自己的一生。

傑克・倫敦成名了，就開始瞧不起那些生活在社會底層的朋友，結果使自己陷入無助之中，最後用手槍結束了自己的生命。傑克・倫敦的經歷告訴我們：永遠不要瞧不起地位卑微的朋友，多結交一個朋友就多一條路，離開他們，你也許就會一無所有。

地位只是一個人身分、權力的象徵，如果你把它看的太重，就會失去許多朋友、幫手。人生路上，你需要各式各樣的朋友來幫助你，包括地位卑微的朋友。

43 你未必比人強

一個哲學家坐船過河，他問船夫：「你懂得哲學嗎？」船夫搖搖頭。「那你看過斯賓諾莎的書嗎？」船夫又搖搖頭。哲學家輕蔑地看了船夫一眼：「那你就失去了活著的樂趣。」

一會兒後，船突然要沉了，哲學家驚慌地亂叫。船夫問：「你會游泳嗎？先生。」哲學家搖搖頭。船夫笑了笑說：「那你就失去了活著的權利！」

每個人都有各自的特點，有自己的長處，也有自己的短處；不能因為別人在某方面不如你就瞧不起對方。小看他人的人，常常不如人。

皇帝的櫥櫃裡有兩隻罐子，一只是陶的，另一只是鐵的。驕傲的鐵罐瞧不起陶罐，常常奚落它。

「你敢碰我嗎，陶罐子？」鐵罐傲慢地問。

「不敢，鐵罐兄弟。」謙虛的陶罐回答說。

「我就知道你不敢，懦弱的東西！」鐵罐說著，顯出了更加輕蔑的神氣。

「我確實不敢碰你，但不能叫作懦弱。」陶罐爭辯說：「我們生來的任務就是盛東西，並不是用來互相撞碰的。在完成我們的本職任務方面，我不見得比你差。再說……」

「住嘴！」鐵罐憤怒地說：「你怎麼能和我相提並論！你等著吧，要不了幾天，你就會破成碎片消滅了，我卻永遠在這裡，什麼也不怕。」

「何必這樣說呢，」陶罐說：「我們還是和睦相處的好，吵什麼呢！」

「和你在一起我感到羞恥，你算什麼東西！」鐵罐說：「我們走著瞧吧，總有一天，我要把你碰成碎片！」

陶罐不再理會無理的鐵罐。

時間過得真快，世界上發生了許多事情，皇朝覆滅了，宮殿倒塌了，兩隻罐子被遺落在荒涼的土地上。歷史在它們的上面積滿了渣滓和塵土，一個世紀連著一個世紀。

許多年以後的一天，人們來到這裡，掘開厚厚的堆積物，發現了那只陶罐。

「瞧，這裡有一隻罐子！」一個人驚訝地說。

「真的，一隻陶罐！」其他的人說，都高興地叫了起來。

大家把陶罐捧起，把它身上的泥土刷掉，擦洗乾淨，和當年在櫥櫃裡的時候完全一樣樸素、美觀。

「一隻多美的陶罐！」一個人說：「小心點，千萬別把它弄破了，這是古代的東西，很有價值的。」

「謝謝你們！」陶罐興奮地說：「我的兄弟鐵罐就在我的旁邊，請你們把它挖掘出來吧，它一定悶得夠受的了。」

人們立即動手挖掘，翻來覆去把土都挖遍了，但一點鐵罐的影子也沒有。原來，不知道什麼年代，鐵罐已經完全氧化，早就無影無蹤了。

鐵罐確實比陶罐結實，這是它的長處，只不過鐵罐只看到了自己的長處，卻沒有看到陶罐的長處：美觀，可以絲毫無損地保存上千年。它瞧不起陶罐，奚落陶罐，但結果呢？陶罐歷經千年不朽，它卻因為被氧化而無影無蹤。

拳手湯姆剛入道的時候只有二十歲，那正是個年輕氣盛的年齡。憑著出拳有力，步法靈活的特點，他已經連續取得了幾場比賽的勝利，於是他變的得意起來，認為自己與拳王的距離已經越來越近了，一些不太出名的拳手更是看不進眼裡。

有一次，經紀人安排他和一個叫馬卡的拳手打一場。馬卡至少打了九年拳，但卻成績平平，而且三十六歲的他早已過了拳擊手最好的年齡。這使湯姆有種受辱的感覺，他揚言只要三回合就可以「擊倒那個老傢伙」！

比賽開始了，湯姆一上場就發起一輪暴風雨式的進攻，左勾拳、右勾拳，打的虎虎生風，馬卡並沒有主動進攻，只是不停的躲閃，台下叫好聲一片。湯姆更得意了，他認為馬卡實在不堪一擊，但就在這一回合結束的前幾秒鐘，馬卡突然出了一記重拳，湯姆竟然被擊倒在地，湯姆認為是自己太大意了，下場一定要給對方點顏色看看。

休息時，他的教練告訴他，馬卡是一個很難纏的對手，要他一定要小心。但一上場，湯姆就把教練的警告扔在腦後，結果湯姆一直沒能打倒對手，兩人打滿了十二回合，湯姆僥倖以點數取勝。然而這並不是什麼光彩的勝利，湯姆付出了巨大的代價——眼角撕裂，兩個指節骨折。

事後湯姆仔細想一想，自己實在不該小看馬卡，他雖然年紀大了，但經驗卻要比自己多很多。他打起拳來有策略，不像自己一樣蠻幹，他會保護自己，他有清醒的判斷力……自己能夠取勝，實在是一件僥倖的事。

馬卡給了湯姆一個很好的教訓，從此湯姆再也不敢小看任何一個拳手，無論是新人還是老將。因為他知道每個人都有自己的不凡之處，小看了他，你就會吃大虧。

生活中，很多人也都容易犯湯姆的錯誤，能看到自己的長處，而看別人時卻只能看到短處，這是一件很遺憾的事。小看別人就會使你做出錯誤的判斷，做起事來就容易落敗甚至淪為別人的笑柄，就像故事中的湯姆一樣。

小看別人的心理，是你成功的一大障礙，你應該常常提醒自己：千萬不要看輕任何人，你未必就比人強！

44 人不可貌相

一隻蚯蚓遇見了一隻毛毛蟲，蚯蚓哈哈大笑：「我終於碰見比我更醜的動物了！天啊！你是怎麼長成這個樣子的？」毛毛蟲回答牠說：「不，我會變美麗的，我並不是一直這樣醜陋。」

蚯蚓不相信：「美麗？難道你還能變漂亮？」毛毛蟲笑了：「對！三天後再來看我吧！」三天後蚯蚓又來找毛毛蟲，但，牠卻看見蛹正一點一點裂開，一隻五彩的蝴蝶飛了出來，飛過草地，越飛越遠了。蚯蚓呆呆地看著牠遠去：「還真是不可貌相啊！」

一些人很不起眼，甚至有某方面的缺陷，但這樣的人未必就會成為生活中的失敗者，他們往往生活得更好、事業更成功！

美國最受愛戴的總統羅斯福八歲時，他的身體虛弱到了極點，呆鈍的目光，露著驚訝的神色，牙齒暴露唇外，不時地喘息著。學校裡的老師，喚他起來讀課文，他便顫巍巍地站起，嘴唇翕張，吐音含糊而不連貫，生氣全無。

老師雖然很同情他，卻也認為他這一輩子大概只能這樣了。神經過敏，如果稍受刺激，情緒便受影響，處處恐懼畏縮，不喜歡交際，顧影自憐，毫無生趣。

但，羅斯福漸漸地克服了自己的缺點，在他進入大學之前，他已經是人們樂於接近，一個精神飽滿、體力充沛的青年了。他勝任了軍隊的艱苦生活，帶領軍隊在與西班牙的戰爭中功績顯赫。他的老師和同學恐怕做夢也想不到，當年那個畏畏縮縮的孩子，最後竟成為美國歷史上最偉大的總統之一。

「人不可貌相，海水不可斗量」，單看一個人的外貌就斷定他是否有前途，是一件愚蠢的事。

許多人喜歡看NBA的夏洛特黄蜂隊打球，尤其特別喜歡看博格斯的身手。他的身高只有一六〇，在東方人裡也算矮子，更不用說在即使身高兩百公分都嫌矮的NBA了。

據說博格斯不僅是NBA裡最矮的球員，也是NBA有史以來破紀錄的矮子。但這個矮子可不簡單，他是NBA表現最傑出、失誤最少的後衛之一，不僅控球一流，遠投精準，甚至在高個球員中帶球上籃也毫無所懼。

博格斯是不是天生的好手呢？當然不是，他憑藉的是意志力與苦練。

博格斯從小就非常熱愛籃球，幾乎天天都和同伴在籃球場上玩耍。當時他就夢想有一天可以去打NBA，因為NBA的球員不只是待遇奇高，而且也享有風光的社會評價，是所有愛打籃球的美國少年最嚮往的夢。每次博格斯告訴他的同伴：「我長大後要去打NBA。」

所有聽到他的話的人都忍不住哈哈大笑，甚至有人笑倒在地上，因為他們「認定」一個一六〇的矮子是絕不可能到NBA打球的。

在別人的諷刺聲中，博格斯的球藝卻越來越精了，最後終於成為全能的籃球運動員，也成為最佳的控球後衛。他充分利用自己矮小的優勢——行動靈活迅速，像一顆子彈一樣；運球的重心偏低，不會失誤；個子小不引人注意，抄球常常得手。原來看不起博格斯的那些人，最後都成了他的忠實球迷。

一六○的身高對一個球員來說，確實是一個嚴重的缺憾，因此當博格斯說出想去NBA打球的願望時，遭到了眾人的嘲笑。但博格斯卻沒有理會這些刺耳的聲音，反而更加勤於練球，終於成為了一代籃球巨星，他的缺憾也成為了他的長處。

人有無窮潛力，當他潛心去做一件事時，他就有可能戰勝自身的缺憾，取得成功。

每個人都是上帝親手從樹上摘下的蘋果，但每個人都不太完美，因為有的被摔傷了，有的被上帝咬了一口，那麼有缺憾的人一定是上帝最喜愛的人，因為他咬了大大的一口。上帝很公平，有缺憾的人常常是內在最豐富的人，因此千萬不要小看他們，他們都是上帝的寵兒。

45 任何人都不是傻瓜

一隻狐狸向松鼠抱怨說：「雞權協會控告我，說我利用檢查衛生的機會，進入雞籠吃了不少雞，你說我會那樣做嗎？」

松鼠冷冷地看著牠：「我從來沒見到你嘴邊有雞血或雞毛，但每次你進入雞籠，雞就少幾隻，也許你覺得自己做的很隱密，可是，大家也不是傻瓜！」

每個人都覺得自己很聰明，看別人的時候卻覺得對方很傻，很容易就會上當，就因此而自鳴得意。其實誰都不是傻瓜，當一個人小看別人，不尊重別人時，別人也不會接受他。

有一個醫生，醫術很高明，他在自己所在社區開了一個小診所，因為街坊鄰居都很相信他的醫術，所以生意很不錯。

後來為了增加利潤，醫生就動起了壞心眼。病人來看診時，他總是儘量多開藥，維生素類的藥吃了也不會死人，所以常常一開一大包；病人需要打點滴時，他卻暗中減少劑量，這樣病人只好多打幾瓶；除此之外，他還向病人推薦一些價格昂貴的藥，明明吃普通藥也可以痊癒的，他卻硬是要病患購買。半年以後，來診所看病的人就越來越少了。

有一天，他去社區的小公園散步，正好聽見幾個鄰居聚在一起聊天：「去他那裡看病！？算了吧，我寧願去別家診所。」

「真是的，診所越辦越黑。同樣的病，我先生在醫院打了兩針就好了，可是到了他那裡，一拖就是好幾天，還拿了一堆不知名的藥。」

「是啊，他總是亂開藥。上次我不過就得了個小感冒，他開給我一堆藥，我才拿回家，剛巧我表姐夫來我家看我們。我表姐夫正好是醫生，他看了我拿一堆藥，問清病因便看了看藥袋，他告訴我其實有很多是不必要開的藥。我看啊，他是把咱們都當傻子了！」

醫生再也聽不下去了，他羞愧得滿臉通紅，轉身就走了。當然，他的診所沒過多久就收起來了。

千萬別小看別人的判斷力，不要以為別人都是很好騙的，你這樣做是在自欺欺人。故事中的醫生就有必要學學怎樣尊重別人。他給人開高價藥，減少藥量……還天真地以為不會被人發現，以為所有的病人都會乖乖地上當，弄虛做假、不尊重別人，導致的直接後果就是被人們拒絕。小看別人的人，別人也會看不起他，正像站在鏡子前一樣，你怒他也怒，你笑他也笑，一切都取決於你的態度。

豪華・哲斯頓被公認為魔術師中的魔術師。他游走在世界各地，一再地創造幻像，所有觀眾都被他神奇的表演深深吸引。

豪華・哲斯頓最後一次在百老匯上台的時候，卡耐基花了一個晚上待在他的化妝室裡，想請哲斯頓先生告訴他成功的祕訣。哲斯頓告訴卡耐基，關於魔術手

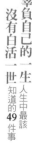

法的書已經有好幾百本，而且有幾十個人跟他懂得一樣多，因此，他的成功並不是因為他的魔術手法與眾不同。

但他有兩樣東西，是其他人沒有的。第一，他能在舞台上把他的個性顯現出來。他是一個表演大師，瞭解人類天性。他的所作所為，每一個手勢，每一個語氣，每一個眉毛上揚的動作，都在事先很仔細地預習過，而他的動作也配合得分秒不差。第二，就是他十分尊重觀眾。他告訴卡耐基，許多魔術師會看著觀眾對自己說：「坐在底下的那些人是一群傻子、一群笨蛋。我可以把他們騙得團團轉。」但哲斯頓的方式完全不同。他每次一走上台，就對自己說：「我很感激這些人，因為這些人來看我表演。我要把我最高明的手法，表演給他們看。觀眾可不是傻瓜，只要我出一點錯，他們馬上就會發現的，所以我要認真再認真。」

他說，他每次上台時，總是一再地對自己說：「我愛我的觀眾，我愛我的觀眾。」也正因為有了對觀眾的尊重，才使得他的表演更具吸引力。

豪華・哲斯頓完全掌握了做人的一項重要原則：小看別人的人，是不會受到別人的尊重和認可的。他尊重他的每一位觀眾，對他來說魔術不是唬騙觀眾，而是與觀眾交流感情的工具。因此他博得了觀眾的好感，在魔術表演上取得了巨大的成功。他的魔術表演，並不比別的魔術師神奇，但他對觀眾的尊重卻幫了他大忙，觀眾是敏感的，台上的魔術師是以怎樣的態度對待他們的，他們立刻就可以感覺得到。

然而生活中，很多人卻容易犯小看別人的毛病，他們總把別人想成笨蛋，這種態度就導致他們在行動時對人表現得不尊重。而不尊重別人的後果就是使自己不被認可。要想獲得別人的友誼或感情，就要用心去改善自己的態度，並增進能讓別人喜歡自己的因素，而這因素中最重要的一項，便是學會尊重別人。

請記住，任何人都不是傻瓜，不要試圖耍弄別人。尊重別人你才會被人尊重，你的事業才會蓬勃發展，你的人生才會圓滿如意。

46 總有一條適合他的路

著名詩人濟慈本來是學醫的，但在醫學院裡他的成績非常差，常常受到同學的嘲笑。但後來他發現自己有寫詩的才能，就放棄了學醫，把自己整個生命都投入到寫詩當中。雖然他只活了二十幾歲，但卻為人類留下了許多不朽詩篇。

馬克思年輕時，曾是一名詩人，但他寫出來的詩卻被人稱為「胡鬧的東西」，幸好很快他就發現了自己並不適合寫詩，便放棄了想做個詩人的夢想。

後來他擔任合唱演員，但卻常常跟不上拍子，幾次受到劇團成員的嘲弄，他也明白了自己並沒有唱歌的天賦，於是就退出合唱團。他開始投身於寫作，結果成了著名作家。

很多人都瞧不起失敗者，認為只有成功的人才值得尊敬，但事實上根本就沒有所謂的失敗者，他們只不過沒有找到適合自己的路而已。

不要看輕失敗者，每一個生命都具有生存的力量，每個生命也都有自我發展的空間。

在求學的道路上，派瑞斯一直遭遇失敗與打擊，高中時的老師還曾經對他的母親說：「他恐怕不適合讀書，因為他的理解能力實在太差了。說實話，我也不知道這孩子將來能做什麼。」

派瑞斯的母親聽見老師這麼說，非常傷心失望，她帶著派瑞斯回家，決定要靠自己的力量，好好地培養他成材。但是，不管母子倆怎麼努力，派瑞斯對於讀書實在有心無力。但孝順的他為了安慰母親，即使讀得再吃力，也從來沒有放棄過。

這天，讀得心煩的派瑞斯，路過了一家正在裝修的超市，發現有個人正在超市門前雕刻一件藝術品。沒想到，派瑞斯這一看居然看得出神，停下腳步好奇而用心地觀賞著，且產生了無比的興趣。

後來，母親發現派瑞斯只要看到一些木頭或石頭，便會認真而仔細地按照自己的想法去打磨、塑造，但是對於讀書一事，卻開始放棄了。母親著急地勸他，最後派瑞斯不得不聽從母親的叮嚀繼續讀書，只是已經著迷於雕刻世界的他，卻一直無法放下手中的雕刻刀。

派瑞斯最終還是讓母親徹底失望了，當落榜通知單寄到家中時，母親對他說：「你走自己的路吧！你已經長大了，沒有人必須再為你負責。」昔日的同學也都諷刺他說：「廢物就是廢物，怎麼扶他也站不住的！」

派瑞斯知道，自己在母親和所有人的眼中，都是個徹底的失敗者，他在難過之餘做了最後決定，要遠走他鄉，尋找自己的未來。

許多年後，有座城市為了紀念一位名人，決定在市政府門前廣場上放置名人的雕像，當地的雕塑家紛紛獻上自己的作品，希望自己的名字也能與這位名人聯繫在一起。

但是，最後評選的結果，卻是一位遠道而來的雕塑家勝出。

在落成儀式上，這位雕塑大師發表了講話：「我想把這件雕塑作品獻給我的母親。因為，我讀書時無法實現她的期望，我的失敗更令她傷心失望過。但是，現在我想告訴她，雖然大學裡沒有我的位置，可是，現在我總算找到了一個位置，一個成功的位置。母親，今天的我絕對不會讓您失望了。」

原來這位雕塑大師竟然是派瑞斯，他的同學和鄰居都驚訝得目瞪口呆、說不出話來，而站在人群中的母親更是喜極而泣，她終於明白了，兒子原來並不笨，只不過是一直沒有找到一條適合自己的路。

當派瑞斯的同學放肆地嘲弄他時，他們一定沒想到「廢物」竟然會變成雕塑大師；當派瑞斯的母親讓兒子去走自己的路時，她實際上已經放棄了他，認為他這一輩子再也不會有什麼出息。但派瑞斯卻出人預料地取得了成功。

其實這世界原本就會有屬於每一個人站立的位置、適合每一個人走的路，只不過有人很幸運地一下子找到了，有人還在跌跌撞撞地摸索而已。

不要小看任何人，即使是失敗者，因為說不定什麼時候他們就會出人預料地獲得成功。

47 別總想著佔人便宜

狐狸看見一戶人家的窗戶上掛著一串香腸，牠饞得口水都流了下來。怎麼才能吃到香腸呢？這時牠注意到了院子裡的狗，牠狡猾地想：「我只要三言兩語，就能讓那隻蠢狗把香腸送給我！」

於是狐狸就和狗套起了交情，牠說：「兄弟，看到那串香腸了嗎？你那吝嗇的主人是不會給你吃的，我替你把風，你把牠偷出來大吃一頓多好！」

狗想了想，就讓狐狸跟牠進院：「到草地那等著，我偷下來就跟你會合。」

狐狸剛走到草堆就一聲慘叫，牠被一隻捕鼠夾夾住了，而主人則跟著狗走了出來，一槍就把狐狸打死了。

生活中，很多人都想著要佔別人的便宜，似乎別人都不如自己聰明，但他們小看別人的後果就是「搬石頭砸了自己的腳」。

兩個自詡是聰明人的高知識份子和一個農夫一起旅行，但他們的食物很快就吃光了，只剩下一點點麵粉，他們便把麵粉做成麵包，但怎麼也不夠三個人吃。那兩個人想：「我們不如想個計策，把農夫的那份麵包也搶來，這樣我們就能吃飽了！」

於是他們就對農夫說：「你看，麵包根本不夠三個人吃。把麵包烤著，我們來睡覺吧！誰做的夢神奇，麵包就歸誰吃！」農夫同意了，他便倒頭就睡。

但那兩個聰明人卻沒睡覺，他們商量起來：「明天我就說我做夢上了天堂，上帝親自來迎接我！」

另一個說：「那我就說我去了地獄，看見了撒旦和很多小鬼，他們都張牙舞爪的，可怕極了。哼！諒那個農夫也做不出什麼奇特的夢，那塊麵包夠我們吃了！」說完他們也去睡了。

然而那個農夫根本沒睡著，他聽見了那兩個人的談話。於是，他半夜爬起來就把麵包吃光了。

第二天早上，兩個聰明人醒來發現麵包不見了，就搖醒了農夫。農夫裝成很吃驚的樣子說：「唷！你們還在這兒啊！昨天我看見天堂的大門打開了，上帝把你迎接了進去；又看見這位下了地獄，撒旦和小鬼都張牙舞爪地拉著你。我想從來沒有人上天堂或下地獄還能回來的，所以就把麵包給吃了！」

兩個自詡很聰明的人，因為瞧不起農夫，想多佔點便宜，結果反被農夫將了一軍！

有個遊客來到黑猩猩園區，看見有一隻猩猩靠近，忽然玩心大起，想了一個方法要捉弄這隻大猩猩。

只見他故意做出餵食的動作，黑猩猩不疑有詐，立即上前準備接受她的食物。然而，就在黑猩猩伸手要拿食物時，這個遊客突然將手縮回，並且得意地嘲笑著牠。

這時黑猩猩似乎知道自己被人戲弄，頓時氣得變臉，牠突然朝著遊客的臉吐了一口口水，而這位遊客當場成了另一個可笑的「景點」。

遊客戲弄黑猩猩時，一定是覺得黑猩猩是沒什麼智商的動物，欺負牠、佔牠的便宜不會有任何風險，但沒想到黑猩猩也不是好欺負的，自己反倒被吐了口水。以萬物之靈自居的人類，反而被自然萬物教訓了一頓。從這個故事中我們得到的教訓就是：不要總想著佔人便宜，誰都不是好欺負的。

有一個富翁聽說某農場準備賣掉，他就跑去找鄰居商量：「你和農場主人是多年的好朋友，如果你去買農場的話，他一定會很便宜的賣給你，我拿錢給你，你去把它買下來後，我一定重重地謝你，怎麼樣？幫幫忙吧！」

儘管鄰居知道富翁的信譽不太好，但還是去了。農場主人果然把農場以極低的價錢賣給了朋友。富翁對買賣的價錢非常滿意，但他卻一個字也沒提酬謝的事，拿了地契轉身就走。

鄰居搖了搖頭，叫住富翁。

富翁以為還有什麼好事，趕忙回頭，結果鄰居說：「如果你不介意，我還要再告訴你一件事，那個農場是以我的名字買的！」

富翁一心想佔別人的便宜，想利用鄰居以最低的價錢買下農場，又不想答謝他。結果呢？想佔便宜的人反被人佔了便宜。錢花了，農場卻屬於鄰居，自己還落得可笑可憐的下場。若不是他覺得自己比別人聰明，低估別人，他也不會吃這個虧。

千萬別太低估別人，抬高了自己，你並不比別人聰明多少，便宜也不是那麼好佔的。腳踏實地做事，清清白白做人，這樣你才會在人生路上走得順暢。

48 雪中送炭者必有厚報

兩個貧苦的好朋友同一時間死去了，上帝讓甲上天堂、乙去地獄，乙喊道：「為什麼這麼不公平？」

上帝回答他：「有一天你們一起趕路，遇到了一個死去的人，甲把他埋了起來，你卻沒有動手！」

人們都樂於錦上添花，卻很少有人願意做到雪中送炭。錦上添花是在攀附貴人，日後必定好處多多；而雪中送炭是幫助弱勢的人，幫助他們有什麼用處呢？有這種想法實在是大錯特錯，因為那些看起來不起眼的人，說不定什麼時候就會幫上你的大忙！

一對待人極好的夫婦在朋友、親屬以及街坊鄰居們的幫助下，在一條商業街開起了一家火鍋店。

剛開張的火鍋店生意冷清，全靠朋友和街坊照顧才得以維持。但沒多久的時間，夫婦倆便以待人熱忱、收費公道而贏得了大批顧客，火鍋店的生意也一天一天地好起來。

幾乎每到吃飯的時間，有些行乞的乞丐，都會成群結隊地到他們的火鍋店來行乞。夫婦倆總是以平和寬容的態度對待這些乞丐，從不喝叱辱罵。如果換成別人，對這些乞丐一定是連攆帶轟，一副討厭至極的表情，但這對夫婦每次都會笑呵呵地給這些骯髒邋遢、令人厭惡的乞丐盛滿熱飯熱菜。更讓人感動的是，夫婦倆給乞丐們的飯菜，都是從厨房裡盛來的新鮮飯菜，並不是那些顧客用過的殘湯剩飯。他們給乞丐盛飯時，表情和神態十分自然，絲毫沒有做作之態。彷彿他們所做的這一切原本就是分內的事情一樣。

有一天深夜，附近的一家服裝店突然燃起了大火，火勢很快便向火鍋店延燒過來。

這一天，恰巧丈夫不在，店裡只留下女主人。一無力氣二無幫手的她，眼看著辛苦張羅起來的火鍋店，就要被熊熊大火所吞沒。

就在這著急萬分之時，只見那班平常天天上門乞討的乞丐，不知從哪裡鑽了出來，在老乞丐的率領下，冒著生命危險將店裡所有易燃物，馬不停蹄地搬運到了安全地方。

緊接著，他們又衝進馬上要被大火包圍的店內，將能搬的器具全都搬了出來。

消防車很快開來了，火鍋店由於搶救及時，雖然也遭受了一點小小的損失，但最終還是給保住了。而周圍的那些店鋪，卻因為得不到及時的救助，貨物早已燒得精光，損失十分慘重。

在平常人看來，幫助一群乞丐有什麼用呢?沒錢、沒權，而且很難有翻身的時候，但這對夫婦卻沒有這樣想。他們不求回報地熱心幫助這群乞丐，結果當遇到火災時，乞丐們不顧一切地回報他們，別人的店鋪都燒光了，火鍋店卻只受了一點點損失。夫妻倆對乞丐們無私的幫助，也得到了他們最真誠的回報。

人們總是瞧不起落魄的人，不願做雪中送炭的事。他們不知道有時候只是幫弱勢者做一點點小事，他們就可以獲得豐厚的回報。

無論如何，幫助別人總是一件不錯的事，幫助別人有時就是在幫助你自己，而且，如果你能摒棄勢利的想法，就會發現，雪中送炭比錦上添花更能讓你快樂，更能讓你有滿足感。

49 小看別人你將失去更多

一個人滿頭大汗地在田裡工作，太陽曬得他頭暈眼花，他對著天空大聲喊：「誰來幫幫我啊？我不該永遠過這種苦日子，這不公平！」

過了一會兒他看到了一個衣著破舊的老婦人朝他走來：「小伙子，有什麼可以幫忙的嗎？」

這個人打量了老婦人一會兒，輕蔑地說：「走開吧！別打擾我！你能幫我什麼忙？」老婦人便黯然走開了。

一隻小鳥飛了過來，對這個人罵道：「傻瓜，你趕走了幸運女神，你居然親自趕走了她！」

很多人都捶胸頓足地痛悔自己錯失了良機，而且是他們自己把機遇從身邊推走的，出現這種錯誤的原因通常很簡單：輕忽他人。

哈佛大學的校長會客室裡來了一對夫婦，他們堅持要見校長，校長只好百忙之中抽出點時間來接待他們。這對夫婦告訴校長，他們的兒子非常喜歡這所學校，現在他們的兒子突然去世了，他們希望能在哈佛裡為兒子建一座紀念性建築。

聽完了他們的話，校長用懷疑的目光打量著他們。這對夫婦衣著乾淨整潔，但卻很簡樸，看起來不像是有錢人，於是校長就用一種調侃的語氣說：「建紀念性建築？哈佛大學是什麼地方，看看那些大樓，一棟就要幾百萬，你們有錢嗎？」

這對夫婦驚訝地看著校長，然後妻子對丈夫說：「聽到了嗎？親愛的，建一座樓只要幾百萬美金，那我們為什麼不給兒子建一座紀念大學呢？」

一年後，一所新的大學建立起來了，那就是著名的史丹佛大學，這所大學是

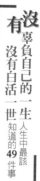

用那對夫婦的兒子名字命名的。

哈佛大學的校長一定沒想到，他拒絕的是怎樣一個提議，錯失的是怎樣一個機會，如果不是他先入為主的偏見，這對夫婦本來可以成為哈佛的有力捐助人，但他的一念之差，卻使哈佛多了一個有力的競爭對手。生活中，很多人也常犯類似的錯誤，由於輕視別人，而錯過了很多機會。

生活中，很多人都是深藏不露的；達官貴人，看起來也許就像平易近人的街坊鄰居；千萬巨富，也許衣著普通如同升斗小民……很多機會也常常是披著陳舊的外衣而來的；輕視它，你就會把它從身邊推走，而且很難再找回來了。

人生路上，我們會碰到各式各樣的人，每個人都有自己的獨特之處，你並不知道什麼人會對你有所幫助，什麼人能影響你的命運，所以我們只有選擇一視同仁，這樣我們才能不錯過任何機會，才能更快地走向成功。

謝謝您購買 沒有辜負自己的一生，沒有白活一世：人生中最該知道的49件事 這本書！

即日起，詳細填寫本卡各欄，對折免貼郵票寄回，我們每月將抽出一百名回函讀者寄出精美禮物，並享有生日當月購書優惠！

想知道更多更即時的消息，歡迎加入"永續圖書粉絲團"

您也可以利用以下傳真或是掃描圖檔寄回本公司信箱，謝謝。

傳真電話：（02）8647-3660　　信箱：yungjiuh@ms45.hinet.net

☺ 姓名：　　□男　□女　　□單身　□已婚

☺ 生日：　　□非會員　　□已是會員

☺ E-Mail：　　電話：（　）

☺ 地址：

☺ 學歷：□高中及以下　□專科或大學　□研究所以上　□其他

☺ 職業：□學生　□資訊　□製造　□行銷　□服務　□金融
□傳播　□公教　□軍警　□自由　□家管　□其他

☺ 您購買此書的原因：□書名　□作者　□內容　□封面　□其他

☺ 您購買此書地點：　　金額：

☺ 建議改進：□內容　□封面　□版面設計　□其他

您的建議：

廣 告 回 信
基隆郵局登記證
基隆廣字第 57 號

新北市汐止區大同路三段一九四號九樓之一

大拓文化事業有限公司收

請沿此虛線對折免貼郵票，以膠帶黏貼後寄回，謝謝！

沒有辜負自己的一生，沒有白活一世：人生中最該知道的49件事

■ 請至鄰近各大書店洽詢選購。

■ 永續圖書網，24小時訂購服務
www. foreverbooks. com. tw
免費加入會員，享有優惠折扣

■ 郵政劃撥訂購：
服務專線：(02)8647-3663
郵政劃撥帳號：18669219